कलाम को सलाम!

डॉ. ए.पी.जे. अ दुल कलाम जैसी विभूतियाँ पृथ्वी पर सदियों में कभी-कभी ही जन्म लेती हैं और अपने विलक्षण कार्यों एवं व्यवहार से पूरे विश्व को प्रभावित कर जाती हैं। डॉ. कलाम एक कर्मयोगी व तपस्वी थे। उन्हें प्रकृति व मानवीयता से प्रेम था। विनम्रता, कठोर परिश्रम एवं सादगी उनकी पहचान थी। डॉ. कलाम धन या कुल से नहीं, बल्कि अपने दिव्य स्वभाव और अनुकरणीय आचरण से महान् बने थे।

डॉ. कलाम एक विकसित भारत की कल्पना करते थे। उनका स्वप्न था कि विश्वपटल पर भारत की विशिष्ट पहचान बने और उसकी सुसंपन्नता और समर्थता औरों के लिए उदाहरण बने। वे युवा-श ति पर विश्वास रखते थे। इसलिए उन्होंने सदैव उन्हें प्रेरित और प्रोत्साहित करने के प्रयास किए।

इस पुस्तक में उनके प्रेरक जीवन को कहानियों में समेटने का प्रयास किया गया है, ताकि बच्चे, युवा एवं अन्य सभी पाठक उनसे प्रेरणा लेकर राष्ट्रकार्य के लिए समर्पित हों।

जन्म : 1 अप्रैल।

शिक्षा : एम.फिल. (हिंदी)।

प्रकाशन : 'दिशा देती कथाएँ', 'बचपन का सफर', 'बचपन मुसकाया जब इन्हें सुनाया', 'महात्मा गांधी की प्रेरक गाथाएँ' एवं 'संत कथाएँ मार्ग दिखाएँ'।

सम्मान : दिल्ली सरकार की हिंदी अकादमी द्वारा चार बार नवोदित लेखन एवं आठ बार आशुलेखन में पुरस्कृत; 'बचपन का सफर' पुस्तक को सूचना एवं प्रसारण मंत्रालय द्वारा बाल साहित्य वर्ग के अंतर्गत 'भारतेंदु हरिश्चंद्र पुरस्कार (द्वितीय पुरस्कार) से सम्माननित किया गया। पाँचवीं कक्षा की पाठ्यपुस्तक 'वितान' के अंतर्गत कहानी 'अद्‌भुत प्रतिभा' एवं पाठ्यपुस्तक 'बातों की फुलवारी' के अंतर्गत 'आखरदीप' कहानी का प्रकाशन। राष्ट्रीय स्तर की अनेक पत्र-पत्रिकाओं एवं आकाशवाणी से रचनाओं का प्रकाशन व प्रसारण। अनेक साहित्यिक कार्यक्रमों का सफलतापूर्वक संचालन।

संप्रति : सरकारी सेवा में कार्यरत।

संपर्क : saini.renu830@gmail.com

कलाम को सलाम!

(डॉ. कलाम के जीवन की प्रेरणाप्रद कहानियाँ)

रेनू सैनी

प्रकाशक

प्रभात पेपरबैक्स

4/19 आसफ अली रोड, नई दिल्ली-110002

फोन : 23289555 • 23289666 • 23289777 ❖ फैक्स : 23253233

इ-मेल : prabhatbooks@gmail.com ❖ वेब ठिकाना : www.prabhatbooks.com

संस्करण

2017

मूल्य

दो सौ रुपए

अ.मा.पु.स. 978-93-5186-961-0

मुद्रक

आर-टेक ऑफसेट प्रिंटर्स, दिल्ली

———— ★ ————

KALAM KO SALAM

by Renu Saini

Published by **PRABHAT PAPERBACKS**
4/19 Asaf Ali Road, New Delhi-10002

ISBN 978-93-5186-961-0

₹ 200.00

लेखक की बात

डॉ. ए.पी.जे. अब्दुल कलाम जैसी विभूतियाँ सदियों में कभी पृथ्वी पर जन्म लेती हैं और अपने विलक्षण कार्यों एवं व्यवहार से पूरे विश्व को प्रभावित कर जाती हैं। डॉ. कलाम एक कर्मयोगी व तपस्वी थे। उन्हें प्रकृति व मानवीयता से प्रेम था। विनम्रता, कठोर परिश्रम एवं सादगी उनकी पहचान थी। डॉ. कलाम धन या कुल से नहीं, बल्कि अपने दिव्य स्वभाव और भव्य आचरण से महान् बने थे।

उनका बचपन आम बच्चों की तरह ही था। पढ़ाई से उन्हें विशेष लगाव था। जैसे-जैसे वे बड़े होते गए, उन्हें प्रकृति और विज्ञान आकर्षित करता गया। पेड़ों में पत्तों की सरसराहट, पक्षियों का मधुर स्वर, नदी की कल-कल धारा और विस्तृत आसमान उन्हें प्रेरित करता था कि उन्हें जीवन में कुछ ऐसा विशेष करना है कि पूरी प्रकृति उनके सम्मान में गुनगुनाए। उन्होंने इसे सार्थक कर दिखाया और आज पूरी प्रकृति डॉ. कलाम की याद में गुनगुनाती नजर आती है।

उन्होंने विज्ञान को कला के साथ ऐसे जोड़ा कि साहित्य और विज्ञान उनके अंतर्मन में रच-बस गए। हर आविष्कार व शोध के समय उनका लेखक मन मसि और कागद को रँग देता। जब वे अपने अंतर्मन के भावों को पढ़ते तो दृढ संकल्प होकर एक कार्य को पूर्ण कर दूसरे कार्य की ओर बढ़ चलते। उनका हृदय नित नवीन खोजों को करने के लिए मचलता रहता था। वे अपने समय का सदुपयोग करते हुए मिसाइलों व प्रयोगों को करने में इस कदर खोए रहते थे कि उन्हें समय का पता ही नहीं चल पाता था। ऐसी एकाग्रता ही उनकी सफलता का प्रमुख कारण रही।

डॉ. कलाम एक विकसित भारत की कल्पना करते थे। उनका स्वप्न था कि वर्ष 2020 तक भारत के सभी स्वप्न सत्य हो जाएँ और भारत एक आदर्श स्थापित कर पूरे विश्व के लिए अनुपम उदाहरण बने। वे युवा-शक्ति पर विश्वास रखते थे। उनका मानना था कि युवा-शक्ति अपनी योग्यता और कार्यों से देश के लिए सफलता की ऐसी डगर रच सकती है, जहाँ पर निर्धनता, अशिक्षा, जाति का कहीं कोई स्थान न होगा।

वे अपने अंतिम समय तक युवा-शक्ति को अपने अनुभव और ज्ञान से परिचित कराते रहे।

इस पुस्तक में उनके घरेलू जीवन से लेकर अंत तक के समय को कहानियों में समेटने का प्रयास किया गया है, ताकि बच्चे, युवा एवं वृद्ध सभी तरह के पाठक उनसे समन्वय स्थापित कर सकें।

—रेनू सैनी

अनुक्रम

आसमान की उड़ान

उन दिनों अब्दुल कलाम आठवीं कक्षा के छात्र थे। श्री शिव सुब्रह्मण्य अय्यर उनके अध्यापक थे। सुब्रह्मण्य उस स्कूल के सर्वश्रेष्ठ अध्यापकों में से एक थे। सभी बच्चे कक्षा में उनका बेसब्री से इंतजार करते थे। सुब्रह्मण्य जब पढ़ाने लगते तो सभी विद्यार्थी ध्यानपूर्वक उनको सुनते। एक दिन वह अपनी कक्षा को पक्षियों के उड़ने के बारे में बता रहे थे। उस कक्षा में कलाम भी थे। अध्यापक ने ब्लैक बोर्ड पर एक चिड़िया बनाई, जिसमें उसके पंख, पूँछ, शारीरिक संरचना और सिर दिखाए गए थे। उन्होंने ब्लैकबोर्ड पर बनी चिड़िया के माध्यम से कक्षा के विद्यार्थियों को बताया कि पक्षी उड़ने के लिए जरूरी उछाल 'लिफ्ट' कैसे पैदा करते हैं और फिर उड़ते कैसे हैं ? करीब 25 मिनट तक उन्होंने उड़ने के लिए जरूरी उछाल, शरीर को खींचने तथा 10, 20 या 30 के झुंड में एक निश्चित क्रम में पक्षियों के उड़ने के बारे में जानकारी दी। जब वे विद्यार्थियों को समझा चुके तो उन्होंने पूछा, 'क्या आप सबको समझ में आ गया कि पक्षी उड़ते कैसे हैं ?'

यह सुनकर सभी विद्यार्थी चुप रहे। तभी कलाम अपने स्थान से उठे और बोले, 'सर, मुझे समझ नहीं आया।' कलाम के यह कहने के बाद उन्होंने पूरी कक्षा से सवाल किया कि अन्य बच्चों को समझ आ गया है कि पक्षी कैसे उड़ते हैं ? इस बार अनेक बच्चे खड़े होकर बोले, 'हमें भी समझ नहीं आया कि पक्षी कैसे उड़ते हैं ?'

अधिकतर विद्यार्थियों का यह जवाब सुनकर अध्यापक बोले, 'हम शाम को समुद्र-तट पर जाएँगे। वहाँ मैं तुम्हें बताऊँगा कि पक्षी कैसे उड़ते हैं ?'

उस दिन शाम को कक्षा के सभी विद्यार्थी रामेश्वरम समुद्र-तट पर पहुँच गए।

उस खुशनुमा शाम में रेतीले तट पर टकराती बड़ी-बड़ी लहरें देखने में विद्यार्थियों को बहुत आनंद आ रहा था। पक्षी अपनी मीठी आवाज में चहचहा रहे थे। कुछ पक्षी दाना चुगकर तो कुछ अपने नन्हे बच्चों के लिए दाने मुँह में दबाकर ला रहे थे। पक्षियों को अलग-अलग निश्चित क्रम में उड़ते हुए देखकर विद्यार्थी आश्चर्य से आसमान की ओर निहार रहे थे। अध्यापक ने कक्षा के विद्यार्थियों को उड़ते हुए पक्षियों को दिखाया और उन्हें समझाया कि उड़ते समय पक्षियों के झुंड कैसे लगते हैं। विद्यार्थियों ने पक्षियों के पंखों को फड़फड़ाते हुए देखा। अध्यापक विद्यार्थियों से बोले, 'तुम सभी पक्षियों के उड़ते समय उनकी पूँछ को देखो।'

एक विद्यार्थी पक्षी की पूँछ देखते हुए बोला, 'सर, पूँछ में क्या देखें?' विद्यार्थी की बात पर अध्यापक मुसकराते हुए बोले, 'यह देखो कि पक्षी उड़ते समय पूँछ को मोड़ने और पंखों को फड़फड़ाने के बीच कैसे तालमेल बिठाते हैं।'

अध्यापक की बात सुनकर कलाम ने ध्यान से पक्षी की गतिविधि को देखा कि वे किस प्रकार पूँछ को मोड़ते और पंखों को फड़फड़ाते हुए मनचाही दिशा में उड़ पाते हैं। अध्यापक बोले, 'क्या तुममें से किसी को पता है कि पक्षियों की इस उड़ान के लिए जरूरी इंजन कहाँ होता है और इसे कहाँ से ताकत मिलती है?' सभी विद्यार्थियों के इनकार करने पर अध्यापक बोले, 'पक्षी को अपने जीवन और पसंद की चीज पाने की इच्छा से ही ताकत मिलती है। पक्षियों की उड़ान के लिए जरूरी इंजन उनका शरीर ही होता है।' लगभग पंद्रह मिनट तक अध्यापक अपने विद्यार्थियों को पक्षियों की उड़ान के बारे में बताते रहे। पक्षियों की उड़ान के व्यावहारिक उदाहरण को देखकर सभी विद्यार्थी, विशेषकर कलाम, इस बात को भली-भाँति समझ गए कि पक्षी आसमान में उड़ान कैसे भरते हैं? यहीं से नन्हे कलाम के अंदर आसमान में उड़ने की इच्छा के साथ ही आसमान की ऊँचाइयों को छूने की इच्छा बलवती हुई। उन्होंने दृढ निश्चय कर लिया कि वे भविष्य में उड़ान और उड़ान प्रणालियों से जुड़े क्षेत्र में ही अध्ययन करेंगे।

□

अल्लाह की इबादत

अब्दुल कलाम के पिता जैनुलाबदीन अल्लाह के सच्चे भक्त थे। वे मसजिद में नमाज अदा करते तो मंदिर में भी पूजा करते। अपने बच्चों को वे सभी धर्मों की कहानियाँ सुनाया करते थे। लोगों का मानना था कि जैनुलाबदीन की उँगलियों में अद्‍भुत शक्तियों का वास है और इसी कारण अकसर बीमार लोगों के परिजन घर से जल लेकर आते और उसमें उनकी उँगलियों को डुबोकर ले जाते। एक दिन कलाम ने पूछा, 'अब्बा, आप लोगों के पानी के कटोरे में अपनी उँगलियाँ क्यों डालते हैं?' जैनुलाबदीन बोले, 'बेटा, मैं उसमें उँगलियाँ डालकर अल्लाह से यह दुआ करता हूँ कि वह जल में इतनी शक्ति भर दें कि उसके प्रभाव से बीमार लोग ठीक हो जाएँ।' यह सुनकर नन्हे कलाम असमंजस में पड़ गए और बोले, 'अल्लाह ने यह शक्ति आपको ही क्यों दी है?' कलाम की बात सुनकर जैनुलाबदीन बोले, 'क्योंकि बेटा, मैं सच्चे दिल से अल्लाह की इबादत करता हूँ।'

'यह इबादत क्या होती है?' नन्हे कलाम फिर बोले।

'नमाज पढ़ना अल्लाह की इबादत है, बेटा।'

'नमाज क्या है, अब्बा? आप इसे क्यों पढ़ते हैं?' नन्हे कलाम के प्रश्नों की झड़ी लगती गई और अब्बा उन झड़ी के प्रश्नों का उत्तर सहज होकर देते रहे, ताकि उनके बेटे को सही दिशा मिल सके। अब्बा बोले, 'नमाज अल्लाह को याद करने का एक जरिया है। इसे पढ़ने से मन का आत्मविश्वास बढ़ता है। नमाज एक प्रार्थना है, जो हमें अल्लाह से जोड़ती है और जीने की नई राह दिखाती है। नमाज आपसी भाईचारे को बढ़ाती है। सच्चे मन से नमाज पढ़नेवाला व्यक्ति अपने शरीर से ब्रह्मांड का एक हिस्सा बन जाता है। फिर वह अमीर-गरीब, जाति-पाति

और ऊँच-नीच में कोई भेदभाव नहीं रखता है।'

अब्बा की बातें सुनकर कलाम बोले, 'अब्बा, क्या हर व्यक्ति इबादत करता है?'

'हाँ बेटा, सब अपने-अपने तरीके से इबादत करते हैं।'

कुछ सोचकर कलाम बोले, 'पर अब्बा, मेरी कक्षा का ब्राह्मण का लड़का तो नमाज नहीं पढ़ता।' नन्हे कलाम की बात सुनकर जैनुलाबदीन बोले, 'बेटे, प्रार्थना करने के सबके तरीके अलग हैं; लेकिन उद्देश्य एक है—अल्लाह तक अपनी बात पहुँचाना। उसे हर व्यक्ति अपने-अपने ढंग से उस तक पहुँचाता है।'

अब्बा की बातें कलाम ने बेहद ध्यानपूर्वक सुनीं। इतिहास साक्षी है कि बचपन से ही सभी धर्मों के रंग में रँगनेवाले कलाम ने हर धर्म के व्यक्ति के हृदय को छू लिया और उनके प्रेरणा-स्रोत बनकर उभरे।

□

चाहत उड़ान भरने की

अब्दुल कलाम के पिता बेहद धार्मिक प्रवृत्ति के और एक नेकदिल इनसान थे। वे नावें बनाया करते थे। अपने पिता के नाव बनाने के कारण कलाम अधिकतर उनके इर्द-गिर्द समुद्र के पास रहते थे। नन्हे कलाम को समुद्र की अठखेलियाँ करती लहरें बहुत भाती थीं। जब भी उन्हें समय मिलता, वे वहाँ आ जाते और अपने पिता की मदद करने का प्रयास करते। इसी बीच कलाम को प्रकृति को करीब से निहारने का अवसर प्राप्त होता था। समुद्र की लहरों को देखकर वे अपने सपने बुनते रहते। पिता को भी यह बात ज्ञात थी कि नन्हे कलाम को सागर की लहरें और पक्षियों को निहारना बहुत पसंद है। एक दिन कलाम एक पेड़ के करीब बैठे हुए थे। शाम का समय था। सूरज छिपने की तैयारी कर रहा था और रात अपना आँचल पसारने को उत्सुक थी। तभी पक्षियों की चहचहाहट और स्वर से कलाम की तंद्रा भंग हुई। उन्होंने विस्तृत आसमान की ओर देखा तो देखते रह गए। अनेक पक्षियों के झुंड एक साथ चहचहाते हुए अपने घरों की ओर लौट रहे थे। कुछ नटखट पक्षी आसमान में अपने पंखों से कलाबाजियाँ दिखा रहे थे तो कुछ थकान से चूर सुस्त-से नीची उड़ान भर रहे थे। नन्हे कलाम को पक्षियों की कलाबाजियाँ, उड़ते हुए उनकी गति और पेड़ों की ओर उनका आना बेहद आनंदित कर रहा था। वे काफी देर तक पक्षियों की गतिविधियों को निहारते रहे। अचानक उनके मन में आया कि क्या इनसान कभी उड़ सकता है? यदि इनसान भी आसमान में उड़ान भरता तो कितना खूबसूरत नजारा होता। बस, यहीं से उन्होंने ठान लिया कि वे जीवन में ऐसे कार्य करेंगे, जिनके माध्यम से उन्हें बादलों के पार उड़ान भरने के अवसर प्राप्त हों और वे अपने इस स्वप्न को साकार कर

सकें। कलाम ने बचपन से जो स्वप्न देखा, उसे कठोर संघर्ष और मेहनत करके अंजाम तक भी पहुँचाया। उन्होंने अनेक ऐसे विमान बनाए, जिनकी उड़ान और कार्य-प्रणाली सभी के लिए हैरतअंगेज थी। कलाम की उड़ान भरने की चाहत पूरी हुई और उन्होंने विभिन्न तरह के डिजाइनों के अनेक भव्य एवं आधुनिक विमान बनाए, जो भारतीय इतिहास में मील का पत्थर साबित हुए।

□

जीवन का गुण : सादगी

कलाम बचपन से ही बेहद सीधे-सादे एवं सरल स्वभाव के थे। उनके माता-पिता दोनों ही धार्मिक प्रवृत्ति के और बेहद मिलनसार थे। उनके घर के दरवाजे हर व्यक्ति के लिए खुले थे। कलाम को सादगी का गुण अपनी माँ आशियम्मा से प्राप्त हुआ। वे बचपन से ही अपनी माँ के साथ अकसर रसोई में जमीन पर बैठकर भोजन किया करते थे। उनकी माँ उन्हें केले के पत्ते पर साँभर एवं नारियल की चटनी परोसती थीं। माँ के हाथ का खाना उन्हें बेहद स्वादिष्ट लगता था। रसोई में ही वे अकसर कलाम को ज्ञान, सादगी एवं धार्मिक बातें बताती रहती थीं, जिन्हें कलाम बेहद ध्यान से सुनते थे। बड़े होते-होते उनका पढ़ाई की ओर ध्यान लगता गया और उन्हें अपनों से दूर जाना पड़ा। लेकिन माँ-पिता एवं भाई-बहनों से दूर रहने पर भी आत्मविश्वास, सादगी एवं हिम्मत उनका धैर्य बँधाते रहे और सादगी का गुण समय के साथ-साथ निखरता गया।

एक दिन उनके एक शिष्य विज्ञान के संदर्भ में चर्चा कर रहे थे। कलाम बहुत ही धैर्यपूर्वक शिष्य के सवालों का जवाब दे रहे थे। काफी देर तक चर्चा चलती रही। चर्चा समाप्त होने के बाद शिष्य बोले, 'सर, आज आपके साथ थोड़ी बातें करने का मन हो रहा है। मैं आपके बारे में बहुत कुछ जानना चाहता हूँ। एक प्रश्न हमेशा मेरे मन में घूमता रहता है, जिसका जवाब पाने की उत्कंठा है।' शिष्य की बात सुनकर कलाम मुसकराते हुए बोले, 'हाँ, अवश्य पूछो। कभी भी किसी प्रश्न को अपने मन में नहीं रखना चाहिए। पता है, बचपन में मैं भी अपने मन में कोई जिज्ञासा या प्रश्न नहीं रखता था। हर प्रश्न को मैं कभी अब्बा से, कभी अम्मा से तो कभी अपने शिक्षक से ही पूछ लिया करता था और उनके जवाब प्राप्त करने

के बाद ही कोई काम करता था।'

कलाम की बातें सुनकर शिष्य ने कहा, 'सर, मैं तो आपसे यह जानना चाहता हूँ कि सादगी आपके जीवन का अंग कैसे बन गई? क्या आपको लगता है कि सादगी हर इनसान के अंदर होनी चाहिए?' शिष्य की बात सुनकर कलाम बोले, 'बिल्कुल! सादगी के बिना जीवन में अच्छाइयाँ नहीं आतीं। सादगी मन को शांत रखती है। यह ऊर्जा की बचत करती है और मस्तिष्क को तरोताजा रखती है।' इसके बाद वे बोले, 'और एक बहुत महत्त्वपूर्ण बात बताऊँ कि जो व्यक्ति सादगी के साथ ही निश्चल हृदयवाला होता है, उसका मन-मस्तिष्क बिल्कुल स्वच्छ होता है। ऐसे सरल स्वभाव का व्यक्ति प्रतिभावान् होने के साथ ही तेजी से कामयाबी की सीढ़ियाँ चढ़ता है।'

यह सुनकर शिष्य उनके पैरों को छूते हुए बोला, 'सर, आज आपने मुझे सादगी का जो पाठ पढ़ाया है, उसे मैं अपने जीवन में उतारकर जीवन को सफल बनाने का प्रयास करूँगा।' शिष्य की बात सुनकर कलाम ने उसे आशीर्वाद दिया।

□

अध्यापक द्वारा भेदभाव

कलाम प्रारंभ में रामेश्वरम के एक प्राइमरी स्कूल में पढ़ते थे। जिन दिनों वे कक्षा पाँच में पढ़ रहे थे, उन्हीं दिनों उनके स्कूल में एक नया अध्यापक आया। उसने अब्दुल कलाम के सिर पर टोपी पहनी हुई देखी तो वह समझ गया कि यह बालक मुसलिम है। उनकी बगल में रामानंद शास्त्री बैठे हुए थे। रामानंद कलाम के बहुत अच्छे मित्र थे। हिंदू, उस पर भी ब्राह्मण लड़के को बैठे हुए देखकर अध्यापक के चेहरे पर त्यौरियाँ चढ़ गईं। उन्होंने कलाम से कहा, 'तुम जाकर सबसे पीछेवाली बेंच पर बैठ जाओ।'

यह बात कलाम के साथ ही कक्षा के सभी विद्यार्थियों को बहुत बुरी लगी। लेकिन अध्यापक की बात तो माननी ही थी। कलाम चुपचाप उठकर पीछे की बेंच पर बैठ गए। उनके चेहरे पर उदासी के भाव स्पष्ट दिख रहे थे। अध्यापक के दुर्व्यवहार से रामानंद शास्त्री को भी बहुत दुःख पहुँचा और उनकी आँखें नम हो गईं। शाम को छुट्टी होने पर कलाम अपने घर आए और स्कूल की घटना अपने पिता को बताई। उधर रामानंद शास्त्री ने भी अध्यापक की शिकायत अपने पिता से की। रामानंद के पिता पक्षी लक्ष्मण शास्त्री और जैनुलाबदीन को अध्यापक की बातें सुनकर बहुत दुःख हुआ। वे किसी भी भेदभाव के खिलाफ थे। पक्षी लक्ष्मण शास्त्री ने उस अध्यापक को अपने पास बुलाया और बोले, 'तुम हमारे बच्चों में भेदभाव लाना चाहते हो। जानते हो, तुमने कितना बड़ा अपराध किया है? तुम्हारी हिम्मत कैसे हुई, जो तुमने कलाम को आगे की सीट से पीछे की बेंच पर बिठा दिया?'

पक्षी लक्ष्मण शास्त्री की बातें सुनकर अध्यापक का चेहरा शर्म से झुक गया।

वह बोला, 'मैं अपनी गलती को महसूस कर रहा हूँ। इस बार मुझे क्षमा कर दीजिए, आगे से ऐसा कभी नहीं होगा।' इसके बाद अध्यापक ने अपने दुर्व्यवहार के लिए माफी माँगी और भेदभाव की भावना को अपने दिल से हमेशा के लिए निकाल दिया। अगले दिन स्कूल में उन्होंने जाति-पाति और धर्म को भुलाकर सभी विद्यार्थियों को मानवता का पाठ पढ़ाया और कलाम एवं रामानंद शास्त्री की मित्रता को इसका सर्वश्रेष्ठ उदाहरण बताया।

□

बेंत की पिटाई

कलाम के स्कूल में रामकृष्ण अय्यर गणित पढ़ाते थे। उनकी यह विशेषता थी कि वे अपने पास एक बेंत रखते थे और उसी बेंत से उन छात्रों की पिटाई करते थे जो पढ़ाई में मन नहीं लगाते थे या शरारत करते थे। स्कूल के सभी विद्यार्थी उनसे डरते थे। एक बार वे स्कूल के अहाते में कक्षा ले रहे थे। उसके बगल में कलाम का क्लास रूम था। वे अपनी कक्षा से बाहर निकले और अहाते में पढ़ा रहे रामकृष्ण अय्यर को देखते हुए आगे बढ़ गए। रामकृष्ण ने जब उनकी ओर देखा तो वे तेज स्वर में बोले, 'ए लड़के, इधर आओ।' दरअसल शिक्षक को यह गलतफहमी हो गई कि कलाम मस्ती करते हुए उन्हें देखते हुए गए हैं।

कलाम शिक्षक की आवाज सुनकर उनके पास आए। रामकृष्ण ने उन्हें पकड़ा और कई बेंत उनकी पीठ पर जमा दिए। बेचारे निर्दोष कलाम बिना कुछ कहे अपनी पीठ सहलाते रहे कि आखिर उनकी गलती क्या थी। रामकृष्ण बेंत से उनकी पिटाई करने के बाद बोले, 'सारा दिन स्कूल में मटरगश्ती करते हो और फिर कहते हो कि गणित में नंबर अच्छे नहीं आते।' दरअसल उन दिनों कलाम के गणित विषय में कम नंबर आते थे।

अध्यापक की यह बात कलाम के दिल में उतर गई। घर आते ही उन्होंने गणित की पुस्तक निकाली और उसके हल करने में जुट गए। कुछ दिनों बाद वे बेंत की मार को भूल गए। अब उन्हें गणित विषय रोचक लगने लगा था। उन्होंने अपना सारा ध्यान पढ़ाई में लगा दिया था। परीक्षा में इस बार गणित में अच्छे अंक लाकर उन्होंने अध्यापक के आरोप को निराधार साबित कर दिया। अपने विद्यार्थी के गणित में अच्छे अंक देखकर रामकृष्ण की भी खुशी का ठिकाना न रहा।

उन्होंने कलाम को गले लगाया और बोले, 'मैंने एक दिन बेंत से तुम्हारी पिटाई की थी। इसका मुझे बेहद अफसोस है। तुम तो बहुत प्रतिभाशाली विद्यार्थी हो।'

अध्यापक की बात सुनकर कलाम मुसकरा दिए। इसके बाद रामकृष्ण कलाम के थोड़ा करीब आकर बोले, 'एक राज की बात बताऊँ। मैं जिस भी विद्यार्थी की इस बेंत से पिटाई करता हूँ, वह महान् व्यक्ति बनता है। तुम भी देखना कि एक दिन तुम न सिर्फ इस विद्यालय का नाम रोशन करोगे, बल्कि हम सबका और देश का गौरव भी बनोगे।' रामकृष्ण अय्यर के मुँह से निकली ये बातें सत्य साबित हुईं और कलाम ने न सिर्फ अपने विद्यालय का नाम रोशन किया बल्कि देश व विदेश में भी अपनी प्रतिभा के झंडे गाड़ दिए।

□

रूढ़ियों का विरोध

रामेश्वरम में विभिन्न जातियों के लोग रहते थे। उनमें कलाम के शिक्षक शिव सुब्रह्मण्य अय्यर भी थे। सुब्रह्मण्य अय्यर सनातनी ब्राह्मण थे। उनकी पत्नी घोर रूढ़िवादी थीं; जबकि वे रूढ़िवादिता के खिलाफ रहते थे। सुब्रह्मण्य सामाजिक रूढ़ियों को तोड़ने का प्रयास करते रहते थे। वे चाहते थे कि समाज से जातीय असमानता समाप्त हो और सभी लोग आपस में मिल-जुलकर प्रेम से रहें। वे कलाम से बहुत बातें करते थे और अकसर कहा करते थे कि, 'मैं तुम्हें एक उच्च शिक्षित व्यक्ति बनाना चाहता हूँ, ताकि तुम बड़े-बड़े शहरों में बड़े-बड़े लोगों के बीच अपनी एक अलग पहचान बनाने में कामयाब हो सको।' एक दिन वे कलाम से बोले, 'कल तुम मेरे घर भोजन करने के लिए आना।' अपने शिक्षक का निमंत्रण पाकर कलाम फूले नहीं समाए। जब घर पहुँचे तो सुब्रह्मण्य अय्यर की पत्नी उन्हें देखकर आगबबूला हो गईं। उसने कलाम को अपनी रसोई के अंदर भोजन परोसने से इनकार कर दिया।

पत्नी के व्यवहार से सुब्रह्मण्य जरा भी विचलित नहीं हुए। उन्होंने खुद अपने हाथों से कलाम के लिए पत्तल में खाना परोसा। इसके बाद कलाम ने शिक्षक के साथ प्रेमपूर्वक भोजन किया। शिक्षक की पत्नी झरोखे से कलाम के व्यवहार को देख रही थी। जब वे अपना भोजन समाप्त कर चुके तो उन्होंने अध्यापक से घर जाने की आज्ञा माँगी। अध्यापक बोले, 'अभी तो तुम चले जाओ, लेकिन कल का भोजन फिर से मेरे साथ ही करना।' यह सुनकर कलाम सकपका गए। वे यह जान गए थे कि सुब्रह्मण्य की पत्नी को उनका साथ में भोजन करना पसंद नहीं आया था। वे हिचकिचाते हुए कुछ बोलने ही वाले थे कि सुब्रह्मण्य उनकी बात काटकर

बोले, 'तुम्हें परेशान होने की जरूरत नहीं है। जब किसी व्यवस्था को बदलने का निर्णय लिया जाता है तो ऐसी समस्याएँ उभरकर आती ही हैं।'

अगली बार जब कलाम उनके साथ रात्रिभोज पर आए तो सुब्रह्मण्य की पत्नी में काफी बदलाव दिखाई दिए। वे कलाम को स्वयं रसोई में ले गईं और पत्तल में खाना परोसकर उनके आगे प्रेमपूर्वक रखा। कलाम सुब्रह्मण्य की पत्नी का यह व्यवहार देखकर दंग रह गए। तब वे बोलीं, 'कलाम, इसमें हैरान होने की जरूरत नहीं है। हर इनसान को अपनी गलती का अहसास हो ही जाता है। तुम जैसे नेक इनसान को रूढ़िवादिता के साँचे में ढालकर मैं मूर्खता कर रही थी। मुझे अपनी गलती का अहसास हो गया है। अब से ऐसा कभी नहीं होगा कि मैं तुम्हारे साथ भेदभाव करूँ।'

यह सुनकर कलाम बहुत खुश हुए और उन्होंने सद्‌भाव के साथ वहाँ पर भोजन किया।

□

शाकाहारी व्यंजनों की दावत

कलाम सन् 1950 में रामनाथपुरम से हाई-स्कूल की परीक्षा उत्तीर्ण करने के बाद आगे की पढ़ाई करने के लिए तिरुचिरापल्ली के सेंट जोसेफ कॉलेज में गए। वहाँ से इंटर करने के बाद उन्होंने बी.एस-सी में प्रवेश लिया। वे शुद्ध शाकाहारी थे। उनकी सक्रियता, आत्मविश्वास एवं शाकाहारी व्यंजनों के प्रति रुझान को देखते हुए उन्हें शाकाहारी 'मेस' का सचिव नियुक्त कर दिया गया। सचिव बनने के बाद कलाम ने शाकाहारी व्यंजनों में अनेक परिवर्तन किए। उन्होंने किचन को भी साफ-सुथरा बनाने में मदद की। सभी विद्यार्थियों को कलाम की पसंद के शाकाहारी व्यंजन बहुत स्वादिष्ट लगे। कई छात्रों ने शाकाहारी व्यंजनों के स्वाद के चलते मांसाहारी व्यंजनों को अपने जीवन से निकाल दिया।

एक दिन उनके एक मित्र बोले, 'कलाम, जब से तुम मेस के सचिव बने हो, तब से शाकाहारी भोजन की गुणवत्ता एवं स्वाद दोनों में आश्चर्यजनक परिवर्तन हुआ है। यह खबर फादर कलायिल तक भी पहुँचनी चाहिए। क्यों न उन्हें एक दिन यहाँ पर भोजन के लिए आमंत्रित किया जाए।'

मित्र की बात कलाम को जँच गई। उन्होंने दोपहर के भोजन पर फादर कलायिल को आमंत्रित किया। फादर कलायिल ने छात्रों के उस निमंत्रण को प्रेमपूर्वक स्वीकार किया। कुछ ही देर में यह समाचार सभी छात्रों तक पहुँच गया कि आज दोपहर का भोजन फादर कलायिल उनके साथ करेंगे। छात्र यह जानकर बेहद प्रसन्नता से दोपहर के भोजन का इंतजार करने लगे। दोपहर के समय जब फादर भोजन करने के लिए आए तो छात्रों ने सम्मानपूर्वक उनके लिए तरह-तरह के शाकाहारी व्यंजन परोसे। ये शाकाहारी व्यंजन उन्हें बेहद स्वादिष्ट लगे और

उन्होंने मुक्त कंठ से कलाम की प्रशंसा की। वे बोले, 'वाकई कलाम, मेस के शाकाहारी भोजन का तो जैसे कायाकल्प हो गया है। जिस भोजन को पहले विद्यार्थी नाक-भौं सिकोड़ते हुए खाते थे, आज मैं उन्हें चाव से भोजन का आनंद उठाते हुए देख रहा हूँ। यह सब तुम्हारे अथक प्रयास का ही परिणाम है।'

छात्रों ने भी फादर कलायिल की बातों से सहमति जताई।

□

जोहरा का त्याग

कलाम बी.एस-सी कर चुके थे। बी.एस-सी की डिग्री लेने के बाद वे स्वयं से बोले, 'मुझे अपने सपने को पूरा करने के लिए इंजीनियरिंग में जाना चाहिए।' यह सोचकर उन्होंने मद्रास इंस्टीट्यूट ऑफ टेक्नोलॉजी (एम.आई.टी.) में अपने दाखिले की प्रक्रिया आरंभ कर दी। इंस्टीट्यूट ऑफ टेक्नोलॉजी (एम.आई.टी.) तकनीकी शिक्षा के लिए पूरे भारत में प्रसिद्ध था। कलाम ने वहाँ पर प्रवेश परीक्षा दी। चयनित उम्मीदवारों की सूची में उनका भी नाम था। अपना नाम देखकर वे खुशी से फूले न समाए। लेकिन दाखिले के लिए हजार रुपए की आवश्यकता पड़ी तो उनकी सारी खुशी काफूर हो गई। घर की आर्थिक परिस्थितियों से वे भली-भाँति परिचित थे। फिर भी वे अपने पिता से बोले, 'अब्बा, देश के प्रसिद्ध संस्थान में इंजीनियरिंग की पढ़ाई के लिए मेरा चयन हो गया है। मुझे वहाँ दाखिला लेना है; पर उसके लिए हजार रुपयों की आवश्यकता है।'

कलाम की बात सुनकर जैनुलाबदीन गंभीरतापूर्वक बोले, 'मैं तुम्हें बड़ा आदमी बनाना चाहता हूँ। लेकिन मजबूरियों ने मेरा साथ नहीं छोड़ा। मैं तुम्हारी बात का क्या जवाब दूँ? हजार रुपए बहुत होते हैं, बेटा।'

यह बात जलालुद्दीन ने सुन ली। जलालुद्दीन कलाम की बहन जोहरा के पति थे। यह बात सुनते ही वे जोहरा के पास गए और बोले, 'कलाम के पास इंजीनियर बनने का स्वर्णिम अवसर है। यदि उसे दाखिले के लिए हजार रुपए नहीं मिले तो उसका भविष्य दाँव पर लग जाएगा। ऐसे में यदि हम उसके लिए कुछ कर सकते हैं तो बहुत अच्छा होगा।'

पति की बातें सुनकर जोहरा बोली, 'रुपए के अभाव में मेरे भाई की पढ़ाई

नहीं रुकनी चाहिए। हजार रुपए के लिए मैं अपने हार और कड़े गिरवी रख देती हूँ। भाई के भविष्य से बढ़कर मेरे लिए कुछ नहीं है।' जोहरा ने अपने हार और कड़े गिरवी रख दिए।

वे हजार रुपए लेकर कलाम के पास पहुँचीं और बोलीं, 'ये रुपए तुम्हारी फीस के हैं, कलाम! इन्हें रख लो।' कलाम ने रुपए रख तो लिये, परंतु जब उन्हें यह ज्ञात हुआ कि जोहरा ने ये रुपए अपने गहने गिरवी रखकर दिए हैं तो उन्हें बहुत दुःख हुआ। वे तुरंत उन रुपयों को लेकर जोहरा के पास गए और बोले, 'मैं ये रुपए नहीं ले सकता। तुम इन रुपयों से अपने गहने वापस ले लो।'

किंतु जोहरा पर कलाम की बातों का कोई असर नहीं पड़ा। वे बोलीं, 'तुम्हें मेरी कसम, कलाम! इन रुपयों को रख लो। मैं चाहती हूँ कि तुम जीवन में कुछ बनकर दिखाओ। गहने और रुपए तो हाथ का मैल हैं। इन्हें तो कभी भी प्राप्त किया जा सकता है। रुपयों के कारण तुम्हारा भविष्य दाँव पर लग जाए, यह मैं बरदाश्त नहीं कर सकती।' बहन के आदेश का पालन करते हुए कलाम ने दृढ संकल्प लिया कि 'मैं कड़ी मेहनत से पढ़ाई करूँगा और अपनी बहन व परिवार का नाम रोशन करूँगा।'

कलाम के दृढ संकल्प को जानकर जोहरा बहुत खुश हुईं और उन्होंने प्रेमपूर्वक कलाम के सिर पर हाथ फेरकर उन्हें आशीर्वाद देते हुए कहा, 'मुझे पूरा यकीन है कि तुम अपने लक्ष्य को प्राप्त करोगे और हमारे परिवार का नाम रोशन करोगे।'

इसके बाद कलाम ने उन रुपयों से अपनी इंजीनियरिंग की फीस भरी और एकाग्रता एवं गहनता के साथ अध्ययन करने में जुट गए।

□

कलाम के डिजाइन

यह प्रसंग उस समय का है, जब कलाम एम.आई.टी. में वैमानिकी इंजीनियर का कोर्स करने के बाद लड़ाकू विमान का डिजाइन तैयार करने की परियोजना में लगे हुए थे। उन्हें वायुगति की डिजाइन तैयार करनी थी और उसकी डिजाइन भी बनानी थी। उस परियोजना में कलाम के अलावा चार लोग और थे। उनके साथियों को विमान की संरचना, नियंत्रण, प्रणोदय और उपकरणों की डिजाइन तैयार करने का दायित्व सौंपा गया था। परियोजना से जुड़े हुए सभी लोग अपने-अपने काम में लगे हुए थे। कलाम भी अपना काम पूरी मेहनत से कर रहे थे। एक दिन अचानक प्रो. श्रीनिवासन उनके पास आए। श्रीनिवासन एम.आई.टी. के निदेशक थे और कलाम के डिजाइन शिक्षक भी। उन्होंने कलाम के कार्यों को देखकर असंतोष जताया। वे बोले, 'मिस्टर कलाम! तुम्हारा काम निराशाजनक है। मुझे लगता है कि तुम अपने काम को पूरी मेहनत एवं ईमानदारी से नहीं कर रहे हो।'

प्रो. की बातें सुनकर कलाम बोले, 'मैं क्षमा चाहता हूँ, सर। काम में मुझसे देरी हुई है। आप मुझे इस काम को पूरा करने के लिए एक महीना दे दीजिए। मैं आपकी शिकायत को दूर करने का प्रयास करूँगा।' कलाम की बातें सुनकर श्रीनिवासन बोले, 'मैं तुम्हें केवल तीन दिन का समय देता हूँ। इस बीच विमानों की डिजाइन तैयार हो जानी चाहिए, अन्यथा तुम्हारी छात्रवृत्ति रोक दी जाएगी।'

प्रोफेसर की बात सुनकर कलाम कुछ परेशान हो गए। वे छात्रवृत्ति से ही अपनी पढ़ाई का खर्च वहन कर रहे थे। यदि इसे रोक दिया जाता है तो उनके सामने घोर संकट उत्पन्न हो जाएगा। अत: इस संकट का सामना करने के लिए

उन्होंने दिन-रात एक कर दिया। वे बड़ी मुश्किल से नाश्ता करने का समय निकालते और नाश्ता करते ही काम में जुट जाते। तीन दिन के बजाय उन्होंने दो दिन में ही डिजाइन तैयार कर लिया। एक दिन जब वे अपने डिजाइन को अंतिम रूप दे रहे थे, तभी उन्हें ज्ञात हुआ कि कोई उनके पीछे खड़ा हुआ है। उन्होंने पलटकर देखा तो पाया कि उनके पीछे कोई और नहीं बल्कि स्वयं एम.आई.टी. के निदेशक प्रो. श्रीनिवासन खड़े हुए थे। प्रो. श्रीनिवासन ने उसी समय कलाम को अपने गले से लगा लिया और बोले, 'मैं जानता था कि डिजाइन बनाने के लिए तीन दिन का समय पर्याप्त नहीं है। इस समय को लेकर तुम बेहद तनावग्रस्त भी रहे। लेकिन तुमने अथक प्रयास और मेहनत से डिजाइन को मात्र दो दिन में ही तैयार कर दिया, जो कि काबिले तारीफ है। इसके लिए मैं तुम्हारी जितनी भी तारीफ करूँ, कम होगी। तुमने मेरी उम्मीद से बढ़कर काम किया है। इसलिए तुम प्रशंसा के हकदार तो बनते ही हो। मुझे तुम पर गर्व है, कलाम।' यह कहकर उन्होंने कलाम की पीठ थपथपाई।

इस प्रशंसा ने कलाम के आत्मविश्वास एवं जोश को बल दिया और वे अत्यंत एकाग्रता के साथ अपने काम में लग गए।

□

निबंध प्रतियोगिता का आयोजन

कलाम एम.आई.टी. से इंजीनियरिंग कर रहे थे। एम.आई.टी. देश भर में अपनी तकनीकी शिक्षा प्रणाली के लिए मशहूर था। दूर-दूर से विद्यार्थी वहाँ पर शिक्षा प्राप्त करने के लिए आया करते थे। एम.आई.टी. में प्रत्येक छात्र को बेहतरीन शिक्षा प्रदान करने का प्रयास किया जाता था। इसके लिए वहाँ पर समय-समय पर अनेक प्रतियोगिताओं एवं कार्यक्रमों का आयोजन भी किया जाता था। कार्यक्रमों एवं प्रतियोगिताओं के आयोजन से विद्यार्थियों का उत्साह चरम पर पहुँच जाता था। एम.आई.टी. के विद्यार्थी कार्यक्रमों एवं प्रतियोगिताओं में अपना बेहतर योगदान देने के लिए जुट जाते थे। एक बार एम.आई.टी. में सभी विद्यार्थियों के लिए एक निबंध प्रतियोगिता का आयोजन किया गया। जिन विद्यार्थियों को लिखने में आनंद आता था, उन्हें यह प्रतियोगिता बहुत अच्छी लगी। सभी विद्यार्थी अपनी योग्यता और कार्य के अनुसार निबंध लिखने में जुट गए। निबंध किसी भी भाषा में लिखा जा सकता था। एक छात्र ने कलाम से पूछा, 'तुमने निबंध का विषय सोच लिया है?'

कलाम बोले, 'हाँ, काफी विचार-विमर्श के बाद एक विषय सोचा तो है। उसी के बारे में जानकारी जुटा रहा हूँ।'

यह सुनकर छात्र बोला, 'जिस तरह से हर कार्य को तुम लगन एवं मेहनत से करते हो, उससे मुझे लगता है कि प्रथम पुरस्कार तुम्हें ही मिलेगा।'

यह सुनकर कलाम मुसकराते हुए बोले, 'यहाँ हर विद्यार्थी सर्वश्रेष्ठ करने के प्रयास में लगा हुआ है। अपने-अपने स्थान पर सभी श्रेष्ठ हैं। यह तो परिणाम बताएगा कि प्रथम स्थान किसको मिलता है।' इसके बाद कलाम अपने निबंध को

लिखने में लग गए। उनके निबंध का विषय था—'आओ, अपना खुद का विमान बनाएँ'। उन्होंने इस विषय पर अपना निबंध तमिल भाषा में लिखा। चयनकर्ता सभी निबंधों को पढ़ने में लगे हुए थे। कलाम के निबंध की तकनीकी और गूढ़ जानकारियों का चयनकर्ताओं पर बहुत प्रभाव पड़ा और सर्वसम्मति से कलाम के निबंध को ही प्रथम पुरस्कार से पुरस्कृत करने का निर्णय लिया गया। उनके मित्र की बात सच साबित हुई। निबंध के लिए पुरस्कार उन्हें 'आनंद विकटन' के संपादक देवन ने प्रदान किया। इस पुरस्कार ने कलाम के हौसले को भी मजबूती के पंख प्रदान किए और वे अपने काम को दृढता के साथ करने में जुट गए।

□

वायुसेना की असफलता

सन् 1958 में कलाम ने वैमानिकी इंजीनियर की डिग्री प्राप्त की। अब उनके पास दो रास्ते थे। पहला, भारतीय वायुसेना में नौकरी का और दूसरा रक्षा मंत्रालय के तकनीकी विकास एवं उत्पादन निदेशालय में कार्य करने का। इन दोनों के लिए कलाम ने देहरादून एवं दिल्ली में आवेदन किया। वे हृदय से चाहते थे कि उनका चयन वायुसेना में कर लिया जाए। बचपन से ही उनका सपना आसमान में उड़ान भरने का था। वह अब पूरा होता दिखाई दे रहा था। कलाम ने वायुसेना में नियुक्ति के लिए दिन-रात एक कर दिया। इंटरव्यू उनका बहुत अच्छा हुआ। 25 लोगों में से केवल 8 लोगों का ही चयन किया जाना था। जब चुनिंदा उम्मीदवारों की सूची जारी हुई तो उसमें कलाम का नाम नहीं था। यह देखकर वे बेहद निराश हो गए। जीवन की इस असफलता ने उन्हें निराशा के गर्त में धकेल दिया। वे बार-बार सोचते कि घरवालों को जब यह ज्ञात होगा तो मैं वहाँ क्या मुँह दिखाऊँगा। मेरी बहन ने इंजीनियरिंग के लिए अपने गहने तक बेच दिए थे। उनके कितने अरमान थे। वे परेशानी में इधर-उधर घूम रहे थे। तभी एक दिन वे ऋषिकेश जा पहुँचे। ऋषिकेश में उन्हें 'शिवानंद आश्रम' नजर आया। वे मन की शांति प्राप्त करने के लिए वहाँ पहुँच गए। वहाँ स्वामी शिवानंद से उनकी भेंट हुई और उन्होंने अपनी असफलता के बारे में उन्हें बताया। शिवानंद कलाम की असफलता के बारे में जानकर बोले, 'पुत्र' तुम्हें निराश होने की जरूरत नहीं है। हो सकता है कि तुम्हारा आनेवाला भविष्य वायुसेना के बजाय दूसरे स्थान पर श्रेष्ठ हो। तुम मन लगाकर अपना काम करते रहो। अवसर स्वयं तुम्हारे अनुकूल उत्पन्न हो जाएँगे। असफलता सफलता का पहला पड़ाव होता है। तुम उस पड़ाव

पर चल पड़े हो ऐसे में हार मानकर मत बैठो।'

शिवानंद की बातों से कलाम को बहुत राहत मिली। अब उनके मन से वायुसेना की असफलता का दु:ख कम हो गया था। डी.टी.डी. एंड पी. में कलाम का चयन हो गया था। वहाँ पर उन्हें सहायक वैज्ञानिक के पद के लिए चुन लिया गया था। उन्होंने उस पद पर काम करना प्रारंभ कर दिया और अपने लिए नए रास्ते तलाशने प्रारंभ कर दिए।

□

जापानी प्रोफेसर की जिद

प्रो. ओदा जापान के एक्स-रे पेलोड वैज्ञानिक थे। जापान में उनकी प्रतिभा का लोहा माना जाता था। बहुमुखी प्रतिभा के धनी प्रो. ओदा बेहद जिद्दी स्वभाव के थे। जब कोई उनकी बात नहीं मानता था तो वे बुरा मान जाते थे। एक बार 'रोहिणी' उपग्रह में पेलोड लगाने की बात आई। उस समय प्रो. ओदा थुंबा में कलाम के साथ थे। उन्होंने रॉकेट में भारतीय टाइमर लगाने से मना कर दिया। उनका कहना था कि 'रोहिणी' में जापानी टाइमर लगाए जाएँ। कलाम ने जापानी टाइमर का निरीक्षण करने पर पाया कि वे बहुत हल्के हैं। वे विनम्रता से प्रो. ओदा से बोले, 'सर, ये टाइमर हल्के हैं। ये ठीक तरह से काम नहीं कर पाएँगे। इसके मुकाबले इस समय भारतीय टाइमर बेहतर हैं।'

यह सुनते ही प्रो. ओदा बिगड़ गए और अपने स्वभाववश बोले, 'आप 'रोहिणी' में जापानी टाइमर ही लगाइए। मेरे अनुसार ही काम किया जाएगा।' कलाम ने उनकी जिद को देखते हुए 'रोहिणी' में जापानी टाइमर ही लगा दिए। इसके बाद जब 'रोहिणी' का प्रक्षेपण किया गया तो एक निश्चित ऊँचाई पर पहुँचने के बाद जापानी टाइमरों ने काम करना बंद कर दिया। फलस्वरूप 'रोहिणी' अंतरिक्ष में जाने के बजाय समुद्र में जा गिरा। अब कलाम के साथ-साथ प्रो. ओदा भी उसकी असफलता का कारण समझ गए। लेकिन अब क्या हो सकता था? उस असफलता से प्रो. ओदा इतने शर्मिंदा हुए कि उनकी आँखों में आँसू आ गए। उन्हें अपनी गलती का अहसास होते देख कलाम बोले, 'सर, इस असफलता के लिए आप खुद को दोषी न मानें। एक अनुमान था, जो गलत साबित हो गया। हमें इसे भूलकर अब आगे की गतिविधियों पर ध्यान देना चाहिए।'

कलाम की बातें सुनकर प्रो. ओदा बोले, 'तुम सही कह रहे हो, कलाम। मुझे अपनी जिद्दी आदत को भी खत्म करना होगा, नहीं तो मेरे सामने ऐसी मुश्किलें आती रहेंगी।' इसके बाद उन्होंने अपनी जिद की आदत पर लगाम कस ली। वे कलाम से बेहद प्रभावित हुए और बोले, 'रोहिणी की असफलता में सारा दोष मेरा था, लेकिन आपने मुझे सँभाल लिया।'

कलाम बोले, 'टीम वर्क में सफलता एवं असफलता में सभी का बराबर योगदान होता है। आप इस बात से परेशान न हों।' इसके बाद वे नई परियोजना पर काम करने में जुट गए।

□

प्रयोगशाला की आग

गरमी का मौसम था। थुंबा में भीषण गरमी पड़ रही थी। ऐसे में कलाम 'रोहिणी' उपग्रह के प्रक्षेपण की तैयारियों में व्यस्त थे। कलाम के साथी सुधाकर भी 'रोहिणी' पर काम कर रहे थे। वैज्ञानिकों का दल इस काम को अंजाम देने में पूरी लगन एवं मेहनत से जुटा हुआ था। प्रयोगशाला के अंदर वैज्ञानिकों को दिन-रात एवं मौसम का कोई ज्ञान नहीं था। उन पर तो बस, अपने काम को करने की धुन सवार थी। प्रयोगशाला में सोडियम और थरमाइट का मिश्रण भरा जा रहा था। उसी समय कलाम अपने सहयोगी सुधाकर के साथ प्रयोगशाला में यह पता लगाने के लिए आए कि पेलोड के भरने का काम पूरा हुआ है या नहीं? वह यह जाँच कर ही रहे थे कि तभी अचानक सुधाकर के माथे पर पसीने की एक बूँद चमकी। पसीने की वह बूँद सोडियम पर जा गिरी। पसीने की बूँद का सोडियम पर पड़ना था कि प्रयोगशाला में एक जोरदार विस्फोट हुआ। कमरे में आग लग गई। आग को चारों ओर फैलते देखकर सुधाकर ने काँच की खिड़की पर हाथ से जोरदार प्रहार किया। काँच की खिड़की के जोरदार प्रहार से सुधाकर के हाथ में चोट लग गई और खून टपकने लगा। लेकिन उन्होंने स्थिति पर काबू रखने के लिए स्वयं पर नियंत्रण रखा और कलाम को सुरक्षित बाहर निकाला। इसके बाद वे स्वयं खिड़की से कूदकर बाहर आए। यदि सुधाकर समय रहते खिड़की का काँच न तोड़ते तो उनका बाहर निकलना मुश्किल हो जाता और दोनों ही आग की चपेट में आ जाते। प्रयोगशाला से बाहर आने पर सुधाकर पस्त से हो गए। ऐसे में कलाम ने चुस्ती-फुरती से काम लिया। वे तुरंत सुधाकर को अस्पताल ले गए। अस्पताल पहुँचते ही डॉक्टर ने उनके हाथों पर मरहम-पट्टी की। दर्द के बावजूद

सुधाकर ने मुसकराते हुए अस्पताल में कई दिन बिताए। कलाम सुधाकर से बोले, 'यदि तुम अपनी समझदारी का परिचय नहीं देते तो हम दोनों भी प्रयोगशाला की भेंट चढ़ जाते।' यह सुनकर सुधाकर बोले, 'अरे सर, ऐसे कैसे प्रयोगशाला की भेंट चढ़ जाते? अभी तो आपको बहुत से काम करने हैं। इस देश को आपकी सख्त जरूरत है।'

कलाम बोले, 'और तुम्हारी भी, सुधाकर।'

इसके बाद दोनों मुसकरा दिए।

□

स्वदेशी राटो मोटर

प्रसिद्ध वैज्ञानिक विक्रम साराभाई ने एक दिन कलाम को अपने पास बुलाया। वे बोले, 'कलाम, हम सैनिक विमानों के लिए 'रॉकेट असिस्टेड अप सिस्टम' (RATO) के विकास की योजना को कार्यान्वित करना चाहते हैं। उस समय कलाम के साथ वायुसेना मुख्यालय के ग्रुप कैप्टन वी.एस. नारायणन भी थे। कलाम बोले, 'सर, इस योजना को कार्यान्वित करने के लिए क्या करना होगा?'

कलाम की बात पर साराभाई अपने स्थान से उठते हुए बोले, 'आप दोनों मेरे साथ आइए। मैं आपको कुछ दिखाना चाहता हूँ।' इसके बाद साराभाई कलाम एवं नारायणन को अपने साथ 'तिलपत रेंज' में लेकर आए। वहाँ पर उन्होंने कलाम एवं नारायणन को एक राटो मोटर दिखाई और बोले, 'ये राटो मोटर रूस की बनी है। यदि मैं ऐसी मोटर रूस से मँगवा दूँ तो क्या आप भारत में ऐसी मोटर बना सकते हैं? इसकी बनाने की समय सीमा अठारह महीने से अधिक नहीं होगी।'

साराभाई की चुनौती को स्वीकार करते हुए कलाम एवं नारायणन दोनों ने ही चहकते हुए 'यस सर' कहकर अपनी सहमति प्रदान की। कलाम नारायणन से बोले, 'भारत अब विमानों की उड़ान तकनीकी में एक नया इतिहास रचने वाला है।' नारायणन बोले, 'सचमुच, यह उपलब्धि हमारे देश को नए विकास के पथ पर प्रशस्त करेगी।' भारतीय लड़ाकू विमानों में राटो मोटरों को लगाना बहुत जरूरी था। इसके लगने से विमान कई विषम परिस्थितियों में भी उड़ान भरने में सक्षम हो जाता है। युद्ध में बमबारी से हवाई पट्टी खराब होने पर राटो मोटर-युक्त लड़ाकू विमान आसानी से उड़ान भर सकते हैं। जिन लड़ाकू विमानों में राटो मोटर लगी होती हैं, वे अपनी निर्धारित क्षमता से अधिक भार उठा सकते हैं, तापमान

बहुत अधिक होने पर उड़ान भर सकते हैं। कलाम एवं नारायणन ने भारतीय राटो मोटरों को बनाने का काम प्रारंभ कर दिया था। भारतीय वायुसेना को एस.22 और एच.एफ. 24 विमानों के लिए बड़ी संख्या में राटो मोटरों की आवश्यकता थी। रूस से आयात की गई राटो मोटर 33 हजार रुपए की पड़ती थी, जबकि स्वदेश में इसके निर्माण को लेकर प्रति राटो मोटर की अनुमानित लागत लगभग 17 हजार रुपए आँकी गई। कलाम ने तेजी से राटो मोटर पर काम करना शुरू कर दिया। इसे तैयार करने के लिए उन्होंने फाइबर ग्लास को चुना। राटो मोटर में वे 'कंपोजिट प्रोपेलेंट' का प्रयोग ईंधन के रूप में करने वाले थे। इससे राटो मोटर अधिक-से-अधिक उपयोगी साबित हो सकती थी। स्वदेशी राटो मोटर में कलाम अतिरिक्त सुरक्षा के लिए पटल भी लगाना चाहते थे। इस पटल को लगाने से यह लाभ होता कि दबाव कक्ष में यदि दबाव अधिक बढ़ जाता तो दबाव कक्षों के फटने का खतरा दूर हो जाता।

कलाम एवं नारायणन को स्वदेशी मोटर के निर्माण में व्यस्त साराभाई यह देखकर बहुत प्रसन्न थे कि अब कुछ ही समय के अंदर स्वदेशी राटो मोटर का प्रयोग विमानों में किया जाने लगेगा। साराभाई ने स्वदेशी राटो मोटर के निर्माण की बात तत्कालीन प्रधानमंत्री को बताई तो उन्होंने भी यह जानकर प्रसन्नता व्यक्त की कि अब देश विमानों के निर्माण में भी उन्नति की ओर बढ़ रहा है, साथ ही इससे देश को बेहतर विमान प्राप्त होंगे। एक नई स्वदेशी तकनीक विकसित होने से संपूर्ण भारतीयों में खुशी की लहर दौड़ गई और सभी राटो मोटर के सफल निर्माण की प्रार्थना करने लगे।

□

एक-दूसरे के शिष्य व गुरु

कलाम एवं वायुसेना मुख्यालय के ग्रुप कैप्टन बी.एस. नारायणन स्वदेशी राटो मोटर के निर्माण में लगे हुए थे। दोनों राटो मोटर के निर्माण के दौरान अपना अधिकतर समय साथ ही बिताते थे। ग्रुप कैप्टन नारायणन जहाँ हवाई हथियारों की प्रणाली में कुशल थे, वहीं कलाम विज्ञान के बारे में बहुत गहन अध्ययन कर चुके थे। दोनों में ही सीखने की इच्छा प्रबल थी। ऐसे में नारायणन उनसे रॉकेट विज्ञान के बारे में सीखने के लिए आतुर रहते थे। कलाम भी नारायणन से हवाई हथियारों की प्रणालियों को जानने की इच्छा व्यक्त करते थे। इस प्रकार दोनों ही लोग अपनी-अपनी आवश्यकता के अनुसार एक-दूसरे के साथ गुरु और शिष्य की भूमिका निभाते थे। जब राटो मोटर में विज्ञान-प्रणाली को प्रयोग किया ज़ाता तो कलाम नारायणन को बारीकी से उसके बारे में बताते। नारायणन ध्यानपूर्वक कलाम की बातों को सुनते। काम करते समय कलाम नारायणन के आत्मविश्वास से बहुत प्रभावित हुए। वे बोले, 'नारायणन, मुझे तुम्हारा आत्मविश्वास बहुत बल देता है। यदि यही आत्मविश्वास देश के प्रत्येक युवक व युवती में विकसित हो जाए तो वर्ष 2020 तक भारत एक सर्वश्रेष्ठ देश बन सकता है।' कलाम की बात सुनकर नारायणन भी कहाँ चुप रहने वाले थे। वे बोले, 'सर, यदि हमारे देश का प्रत्येक युवा आपके जोश, काम करने की लगन, एकाग्रता और निष्ठा में से एक भी गुण को अपना ले तो बहुत पहले ही हमारा देश विकसित देशों की श्रेणी में शामिल हो सकता है। मैंने इन दिनों आपके सान्निध्य में बहुत कुछ सीखा है। इस नाते आप मेरे गुरु हुए और मैं आपका शिष्य।' अब तो कलाम भी बोल पड़े, 'बिल्कुल यही बात मैं तुम्हारे बारे में कहने वाला था। तुम्हारे आत्मविश्वास एवं

कार्य करने के तरीके ने मुझे भी बहुत प्रभावित किया है और मैंने तुमसे इन बातों को सीखा है। इसलिए तुम भी मेरे गुरु हुए। इस तरह हम दोनों एक-दूसरे के गुरु व शिष्य दोनों बन गए हैं।'

यह सुनकर नारायणन मुसकरा दिए और बोले, 'आप सही कहते हैं। मैंने आप में गुरु के दर्शन किए हैं।' कलाम बोले, 'और मैंने तुम में गुरु के।'

तभी उन दोनों की बातें एक अधिकारी ने सुनकर कहा, 'वाकई बहुत खूबसूरत नजारा है यह कि दोनों ही एक-दूसरे को गुरु बता रहे हैं। इस तरह तो आप दोनों एक साथ शिष्य व गुरु बन गए हैं।'

अधिकारी की बात सुनकर कलाम एवं नारायणन मुसकराकर बोले, 'हाँ, सचमुच। तुम सही कह रहे हो।'

□

टाइमर की गड़बड़ी

यह प्रसंग उस समय का है, जब प्रो. विक्रम साराभाई थुंबा के दौर पर आए हुए थे। कलाम उन्हें रॉकेट के अग्रभाग को नियंत्रित विस्फोट द्वारा ढाँचे से अलग करने की प्रणाली का प्रदर्शन दिखाना चाहते थे। इसके लिए कलाम उन्हें अपने साथ लेकर आए। वे उनसे बोले, 'सर, आप औपचारिक रूप से इसी तापीय प्रणाली को टाइमर के माध्यम से शुरू करें।' कलाम की बात सुनकर साराभाई ने मुसकराते हुए टाइमर का बटन दबाया। लेकिन दुर्भाग्यवश टाइमर प्रणाली चालू नहीं हुई। उस समय वहाँ पर अनेक वैज्ञानिक खड़े हुए थे। टाइमर प्रणाली को चालू न होते देखकर सभी एक-दूसरे की ओर हैरानी से देखने लगे। इस स्थिति से कलाम तो अवाक् रह गए। उन्होंने परिस्थिति को देखते हुए स्वयं पर नियंत्रण बनाए रखा। इसके साथ ही वे साराभाई के साथ सभी वैज्ञानिकों की ओर देखकर बोले, 'कृपया आप मुझे कुछ मिनट का समय दें।' इसके बाद उन्होंने टाइमर को निकालकर तापीय प्रणाली को सीधे सर्किट से जोड़ दिया। कुछ देर तक तापीय प्रणाली एवं टाइमर का निरीक्षण करने के बाद वे साराभाई से बोले, 'सर, कृपया अब टाइमर को चालू कीजिए।'

इसके बाद प्रो. साराभाई ने जब दोबारा बटन दबाया तो तापीय प्रणाली चालू हो गई। टाइमर के चालू होते ही साराभाई व अन्य वैज्ञानिकों ने कलाम को बधाई दी। लेकिन इस गड़बड़ी ने साराभाई को कुछ और ही करने के लिए प्रेरित किया, जिसे कलाम उस समय नहीं समझ पाए। रात को साराभाई के सचिव ने कलाम से फोन पर बात करते हुए कहा कि वे उनसे मिलकर कुछ खास बातें करना चाहते हैं।

यह सूचना मिलते ही कलाम साराभाई से मिलने कोवलम पैलेस जा पहुँचे।

वहाँ पर साराभाई ने कलाम से कहा, 'हमारे पास रॉकेट प्रणालियों तथा रॉकेट के विभिन्न चरणों को एक जगह व्यवस्थित करने के लिए कोई तंत्र नहीं है। विद्युत् एवं यांत्रिकी के क्षेत्र से संबंधित महत्त्वपूर्ण कार्य तो हो रहे हैं, परंतु समय और काल के संदर्भ में ये दोनों एक-दूसरे से भिन्न हैं।' फिर वे कलाम से बोले, 'गलतियाँ इनसान को सुधारने का अवसर प्रदान करती हैं। इससे हमारे अंदर नए-नए विचार उत्पन्न होते हैं। काम में बाधाओं का आना स्वाभाविक है। बाधाओं को हमारे जैसे लोग ही दूर करते हैं और अपने लक्ष्य हासिल करते हैं।' कलाम समझ तो गए थे कि साराभाई ने अप्रत्यक्ष रूप से ये बातें टाइमर की गड़बड़ी के संदर्भ में कही हैं, लेकिन उन्होंने प्रत्यक्ष इस संदर्भ में कलाम को कुछ नहीं कहा। इसके बाद टाइमर की गड़बड़ी को देखने के बाद साराभाई ने 'रॉकेट इंजीनियरिंग प्रयोगशाला' बनाने का निर्णय लिया।

□

विज्ञान के महानायक का निधन

30 दिसंबर, 1971 को दिल्ली में एक मिसाइल पैनल की बैठक का आयोजन किया गया था। उस दिन प्रो. साराभाई थुंबा के दौरे पर गए हुए थे। कलाम ने मिसाइल पैनल की बैठक में हिस्सा लिया। बैठक समाप्त होने के बाद कलाम दिल्ली हवाई अड्डे पहुँचे। वहाँ से उन्होंने साराभाई को फोन किया। फोन पर उन्होंने मिसाइल पैनल की बैठक में हुई खास बातें उन्हें बताईं। सारी बातें जानने के बाद साराभाई कलाम से बोले कि वे उनसे त्रिवेंद्रम हवाई अड्डे पर मिलना चाहते हैं। उनसे कुछ अनिवार्य बातें करनी हैं। साराभाई का आमंत्रण स्वीकार करते हुए कलाम बोले, 'सर, मैं आपको त्रिवेंद्रम हवाई अड्डे पर मिलता हूँ।' इसके बाद कलाम ने दिल्ली से त्रिवेंद्रम की फ्लाइट पकड़ी।

कलाम उत्साह के साथ फ्लाइट में योजनाएँ बुनते रहे कि साराभाई के साथ क्या-क्या बातें करेंगे ? वे सोच में डूबे रहे और फ्लाइट त्रिवेंद्रम पहुँच गई। त्रिवेंद्रम हवाई अड्डे पर उतरते हुए कलाम के मन में अनेक जिज्ञासाएँ उमड़ रही थीं। जैसे ही वह हवाई अड्डे पर उतरे, वहाँ पर मातम का माहौल छाया हुआ था। लोगों के चेहरे पर उदासी थी और आँखें नम। अचानक यह देखकर कलाम असमंजस में पड़ गए कि ऐसी क्या अनहोनी हो गई है, जो यहाँ उपस्थित हर व्यक्ति की आँखें नम हैं। उन्होंने उसका कारण जानने के लिए ऑपरेटर कुट्टी से बात की तो वह बोले, 'प्रो. विक्रम साराभाई अब इस दुनिया में नहीं रहे। दिल का दौरा पड़ने से कुछ घंटे पहले ही उनका निधन हो गया।'

यह दुःखद खबर सुनकर कलाम लगभग जड़ हो गए। यदि कुट्टी उन्हें सँभालते नहीं तो वे गश खाकर गिर पड़ते। कुट्टी उन्हें सँभालते हुए बोले, 'सर,

प्लीज, आप अपने आपको सँभालिए। इस दुःखद सत्य का सामना हम सबको करना ही होगा।' इसके बाद उन्होंने कलाम को पानी पिलाया। कलाम कुछ देर तक अकेले बैठे साराभाई की यादों में खोए रहे। कुछ देर बाद वे उन सभी लोगों के साथ शामिल हो गए, जो साराभाई के पार्थिव शरीर को अहमदाबाद ले जाने की तैयारियाँ कर रहे थे। तमाम आँखें नम थीं और जुबान खामोश। विज्ञान का एक महान् सितारा धरती से लुप्त हो गया था।

□

महानायक को दी सच्ची श्रद्धांजलि

प्रो. विक्रम साराभाई के निधन से डॉ. कलाम शोक में डूब गए थे। उनके जाने से जो स्थान रिक्त हुआ था, उसकी क्षतिपूर्ति करना असंभव था। कलाम को अभी उनसे बहुत कुछ सीखना था। साराभाई कलाम पर अटूट विश्वास करते थे। अब साराभाई के सपनों को पूरा करने की जिम्मेदारी कलाम की थी। प्रो. साराभाई के विश्वास के कारण ही डॉ. कलाम ने उन्हें केंद्र में रखकर अनेक परियोजनाओं को जन्म दिया था। इस सत्य से प्रेरणा लेकर कलाम शोक की अवस्था से बाहर आए। उन्होंने अपने मन में दृढ निश्चय कर लिया कि वे अपने प्रिय मित्र, मार्गदर्शक और प्रेरक महानायक के सारे सपनों को पूरा करके रहेंगे। कलाम दिन-रात परिश्रम करने लगे। उनकी मेहनत रंग लाई। साराभाई के निधन के अगले ही वर्ष 8 अक्तूबर, 1972 को उत्तर प्रदेश के बरेली एयरफोर्स स्टेशन पर राटो (RATO) प्रणाली का पहला सफल प्रक्षेपण कर डॉ. कलाम ने उन्हें सच्ची श्रद्धांजलि अर्पित की। यह परीक्षण सुखोई-16 विमान पर किया गया था। इसके साथ ही कलाम ने यह भी साबित कर दिया था कि उन पर अटूट विश्वास करके विक्रम साराभाई ने कोई गलती नहीं की थी। वे नहीं रहे तो क्या, उनके सपने सदा जीवित रहेंगे और कलाम व अन्य वैज्ञानिक विभूतियों के माध्यम से भारत में विज्ञान-विकास के इतिहास में नए-नए अध्याय जोड़ते रहेंगे। इसके बाद वर्ष 1972 से 1998 तक कलाम ने अपने पथ-प्रदर्शक डॉ. विक्रम साराभाई की स्मृति में विज्ञान जगत् में ऐसे उल्लेखनीय अनुसंधान किए कि वे भारत के सर्वश्रेष्ठ वैज्ञानिक के रूप में प्रसिद्ध हो गए। भारत का बच्चा-बच्चा कलाम को जान गया और उन्हीं को अपना आदर्श मानकर उन्हीं की तरह बनने के प्रयास

करने लगा। कलाम जैसे वैज्ञानिक अनुसंधानों में सफलता प्राप्त करते गए और अनुभवी होते गए, वे अपने उस अनुभव को युवाओं एवं बच्चों के साथ बाँटते गए। कलाम बच्चों से कहते, 'मुझे प्रो. साराभाई ने जीवन में एक लक्ष्य प्राप्त करने की प्रेरणा दी, देश के लिए नई-नई खोजें करने के लिए प्रेरित किया। आप सबको इस शृंखला को आगे बढ़ाते जाना है।'

बच्चे उनके साथ मिलकर संकल्प लेते और कलाम हँसकर उन्हें गले लगा लेते।

□

परियोजना के प्रबंधक

यह प्रसंग उस समय का है, जब विक्रम साराभाई स्पेस सेंटर (वी.एस.एस.सी.) में एस.एल.वी. परियोजना पर बड़े जोर-शोर से काम चल रहा था। इस काम को अंजाम देने के लिए वहाँ पर सभी उप-प्रणालियाँ विकसित कर ली गई थीं। अलग-अलग कार्यों के लिए केंद्रों का चुनाव भी कर लिया गया था और कार्यक्रम भी निश्चित किए जा चुके थे। इतना सब होने के बावजूद परियोजना तंत्र को चलाने में बहुत दिक्कतें आ रही थीं। जब इस बारे में विचार-विमर्श किया गया तो यह बात सामने आई कि केंद्रों की संख्या अधिक थी और सबका अलग-अलग प्रबंधन किया जाना था। अधिक केंद्रों में अलग-अलग प्रबंधन में अनेक तरह की समस्याएँ उत्पन्न हो रही थीं। इन समस्याओं के लिए एक ऐसे कुशल व योग्य वैज्ञानिक की आवश्यकता महसूस हुई, जिसे परियोजना का प्रबंधक नियुक्त किया जा सके। डॉ. ब्रह्मप्रकाश एवं डॉ. सतीश धवन आपस में बातें करते रहे। फिर उन्होंने आपस में एक बहुत महत्त्वपूर्ण निर्णय लिया। दोनों ही कलाम के पास आए और बोले, 'कलाम, आज से तुम एस.एल.वी. परियोजना के प्रबंधक नियुक्त किए जाते हो।' यह सुनकर कलाम आश्चर्यचकित हो गए। वह हैरानी भरे भावों के साथ बोले, 'सर, मुझसे अधिक क्षमतावाले व्यक्ति इस संस्थान में मौजूद हैं। ऐसे में उनके बीच मैं अच्छा काम कैसे कर सकूँगा?'

कलाम की बात सुनकर ब्रह्मप्रकाश बोले, 'तुम किसी की क्षमता को खुद से मत आँको। इसके बजाय तुम अपनी योग्यताओं को बढ़ाने का प्रयास करो।' कलाम ने उनके आदेश का पालन किया।

प्रबंधक का कार्यभार सँभालते ही उन्होंने एस.एल.वी. परियोजना को तीन

समूहों में विभाजित कर दिया था। पहला प्रबंधन, दूसरा एकीकरण और तीसरा उड़ान समूह था। इसके लिए उन्हें 275 वैज्ञानिकों की आवश्यकता महसूस हुई। लेकिन उन्होंने मात्र 50 वैज्ञानिकों के साथ ही अपने कार्य को करना प्रारंभ कर दिया। इसके बाद एस.एल.वी. परियोजना पर काम नियोजित ढंग से और सुचारु रूप से चलने लगा।

□

लालफीताशाही पर लगाम

एक बार स्पेस काउंसिल की बैठक चल रही थी। उस बैठक में डॉ. कलाम ने वी.एस.एस.सी. के लेखा एवं वित्तीय सलाहकार की उदासीनता, असहयोग और लालफीताशाही का जिक्र किया। लेखा एवं वित्तीय सलाहकार समय पर सामान आदि की उचित व्यवस्था नहीं करते थे। इससे कई बार कलाम एवं अन्य सहयोगियों को बहुत अधिक परेशानी का सामना करना पड़ता था। बैठक में हुई महत्त्वपूर्ण योजनाओं पर विचार-विमर्श हो रहा था। कलाम ने इस विषय को भी उठाते हुए कहा कि सामान की देरी के कारण कई बार महत्त्वपूर्ण कार्यों को अधूरा छोड़ना पड़ता है और वे समय पर पूरे नहीं हो पाते। इस शिकायत पर डॉ. ब्रह्मप्रकाश बोले, 'आप लेखा एवं वित्तीय सलाहकार की शिकायत कर रहे हैं। इसका समाधान भी आप ही सुझाएँ।' डॉ. ब्रह्मप्रकाश की बात पर कलाम बोले, 'लेखा विभाग के काम को परियोजना टीम के सुपुर्द कर दिया जाए।' यह सुनकर डॉ. ब्रह्मप्रकाश दंग रह गए। कलाम की यह बात उन्हें पसंद नहीं आई। वह सभा को बीच में ही छोड़कर वहाँ से चले आए।

सभा समाप्त होने के बाद कलाम को बेहद पश्चात्ताप हुआ। वे डॉ. ब्रह्मप्रकाश का बहुत सम्मान करते थे। आज उन्हीं की बातों ने उन्हें दुःख पहुँचाया था। कलाम स्वयं से ही बातें करते हुए बोले, 'उन्हें सभा में लेखा एवं वित्तीय सलाहकार की शिकायत नहीं करनी चाहिए थी, बल्कि अकेले में डॉ. ब्रह्मप्रकाश को इससे अवगत कराते तो शायद ज्यादा उचित होता। कलाम रात भर इसी उधेड़बुन में लगे रहे। उन्हें डॉ. ब्रह्मप्रकाश की नाराजगी बहुत खल रही थी। उन्होंने निश्चय कर लिया कि वे सुबह उनसे क्षमा माँगेंगे। अगले दिन उन्हें यह जानकर बहुत हैरानी हुई,

जब डॉ. ब्रह्मप्रकाश ने वित्तीय अधिकार परियोजना प्रबंधन को प्रदान कर दिए। यह कलाम के लिए बेहद सौभाग्य की बात थी। इस तरह कलाम ने दृढतापूर्वक निस्संकोच वित्तीय सलाहकार की कमियों को उजागर किया और लालफीताशाही पर लगाम कसने में निर्णायक भूमिका निभाई।

□

जलालुद्दीन का निधन

यह प्रसंग उस समय का है, जब कलाम दिन-रात को भूलकर एस.एल.वी.-3 परियोजना में जुटे हुए थे। कलाम का सपना था कि वे अंतरिक्ष की दुनिया में भारत का नाम स्वर्णाक्षरों में अंकित करा दें। एक दिन जब वे अपनी टीम के साथ पहले चरण की मोटर के परीक्षण में जुटे हुए थे, तभी रामेश्वरम से उन्हें खबर मिली कि उनके बहनोई जलालुद्दीन का आकस्मिक निधन हो गया है। खबर पाते ही कलाम की चेतना शून्य हो गई। जलालुद्दीन का उनके जीवन को सँवारने और गढ़ने में महत्त्वपूर्ण योगदान रहा था। कलाम शून्य होकर अपने बचपन की यादों में खो गए और जलालुद्दीन के साथ अपने बिताए गए सुखद पलों को याद करने लगे कि कैसे वे उनके साथ रामेश्वरम मंदिर के आस-पास घूमते थे, चाँदनी रात में चमकती मिट्टी और नृत्य करती समुद्री लहरों को देखते थे। उन्हें याद आए वे क्षण, जब जलालुद्दीन उन्हें आकाश से टिमटिमाते तारों का प्रकाश दिखाते थे और समुद्र में डूबते क्षितिज के दर्शन कराते थे, उनकी पुस्तकों के लिए अपना सबकुछ दाँव पर लगाकर पुस्तकें उपलब्ध कराते थे। जलालुद्दीन कलाम को अपनी बाँहों में भरकर प्यार करते थे। अब वह इस दुनिया को अलविदा कह गए थे। जब कुछ देर बाद वह सामान्य हुए तो उन्होंने डॉ. एस. श्रीनिवासन को अपने पास बुलाया। उन्हें परियोजना की जिम्मेदारी कुछ दिनों के लिए सौंपकर कलाम रामेश्वरम चले गए। रामेश्वरम पहुँचते ही बहन जोहरा उनसे लिपट गई। पिता जैनुलाबदीन, माँ आशियम्मा तथा घर के सभी सदस्यों का रो-रोकर बुरा हाल था। कलाम की भानजी भी अपने पिता के शव के पास बैठी फूट-फूटकर रो रही थी। कलाम से बच्ची का रोना न देखा गया और वे उसके पास जाकर उसे

सांत्वना देने लगे। जब जलालुद्दीन का जनाजा निकला तो रामेश्वरम की पूरी जनता उनकी अंतिम यात्रा में शामिल हुई। जलालुद्दीन के पार्थिव शरीर को कब्र में दफनाया गया। बहनोई के असमय गुजर जाने से कलाम के अस्तित्व की नींव ही हिल गई थी। वे केवल उनके बहनोई ही नहीं, बल्कि मित्र भी थे। कई दिनों तक कलाम जलालुद्दीन की यादों में खोए रहे, फिर उन्होंने अपने मन को दृढ किया और थुंबा लौटकर अपने काम को सँभाला।

□

अपनों के खोने का दुःख

कलाम के पिता जैनुलाबदीन का 102 वर्ष की आयु में देहांत हुआ था। उनके गुजरने के कुछ समय बाद से ही माँ आशियम्मा बीमार रहने लगी थीं। कलाम थुंबा में अपने कार्य और प्रयोगों में लगे हुए थे। एस.एल.वी.-3 रॉकेट के ऊपरी हिस्से का विकास डायनामाइट की तरह किया गया था। इसका उड़ान परीक्षण फ्रांस में होना था। लेकिन इसमें कुछ जटिल समस्याओं के आने के कारण कलाम को फ्रांस जाने की तैयारी करनी पड़ी। वे काम में पूरी तरह डूबे हुए थे कि तभी उन्हें एक और दुःखद खबर मिली—अपनी माँ के निधन की। माँ के निधन का समाचार पाकर उन्हें फ्रांस का कार्यक्रम रद्द करना पड़ा। वे माँ के अंतिम संस्कार के लिए रामेश्वरम पहुँचे। एक बार फिर घर में मातम का माहौल था। वहाँ हाहाकार मचा हुआ था। सब आशियम्मा के जाने से बहुत दुःखी थे। ऐसा लग रहा था कि एक पुराना स्तंभ, जो टिका हुआ था, अब वह भी ध्वस्त हो गया था। कलाम ने अपनी माँ के अंतिम दर्शन किए। उस समय वे अपने माता-पिता और बहनोई को याद करते हुए बोले, 'मैं अपने मिशन को इसलिए सफल बनाने में लगा रहा, ताकि इसकी सफलता से मेरे अपने खुशी से झूम उठें। लेकिन मेरा मिशन पूरा होने से पहले ही मेरे अपने हमेशा के लिए दूर चले गए। मेरी आनेवाली खुशियों में कौन शरीक होगा? कौन यह कहेगा कि हमें अपने कलाम पर गर्व है? मेरे जिन अपनों ने मुझे प्रगति की ओर बढ़ने के लिए अपना सर्वस्व दाँव पर लगा दिया था, अब उनमें से कोई भी जीवित नहीं बचा।' इसके बाद वह अपनी माँ के पार्थिव शरीर के पास फफककर रोने लगे। उनका वैज्ञानिक मन उन्हें रोने से नहीं रोक पाया। वे जी भर के रोते रहे।

अनेक लोग उन्हें सांत्वना देते रहे और बोले, 'कलाम, हर इनसान को एक-न-एक दिन मृत्यु को तो प्राप्त होना ही है। पर तुम यह देखो न कि कितने ऐसे लोग होते हैं, जो अपने माता-पिता के सपनों को पूरा कर पाते हैं। तुमने तो केवल अपने माता-पिता के ही नहीं, बल्कि इस पूरे देश के सपनों को पूरा करने में उल्लेखनीय भूमिका निभाई है। इस कारण पूरे देश को तुम पर नाज है।'

लोगों की सांत्वना पाकर कलाम ने स्वयं को नियंत्रित किया। इसके बाद उनकी माँ के पार्थिव शरीर का अंतिम संस्कार किया गया। माँ का संस्कार करने के बाद कलाम बुरी तरह से टूट गए थे। लेकिन जीवन इसी का तो नाम है कि वह बाधाओं व मुसीबतों के आने पर लड़खड़ाता है और फिर अपनी रफ्तार से चल पड़ता है। कुछ समय बाद कलाम का जीवन भी सामान्य हो गया और वे अपने काम में जुट गए। अब विज्ञान उनके प्रेम के साथ ही माँ-पिता और संबंधी भी बन गया था।

□

फॉन-ब्रॉन से मिले कलाम

यह प्रसंग उस समय का है, जब जर्मनी के मिसाइलमैन फॉन-ब्रॉन अमेरिका से भारत आ रहे थे। डॉ. ब्रह्मप्रकाश ने उन्हें मद्रास हवाई अड्डे पर उनका स्वागत करने के लिए भेज दिया। मद्रास से डॉ. कलाम आगंतुक अतिथि को थुंबा लेकर आने वाले थे। फॉन-ब्रॉन से मिलकर कलाम को बेहद खुशी हुई। मद्रास से एबरो एयरक्राफ्ट में बैठकर थुंबा आते समय दोनों के बीच काफी बातें हुईं। ऐसा नहीं था कि केवल कलाम ही फॉन-ब्रॉन से परिचित थे, बल्कि परियोजना से जुड़ा प्रत्येक व्यक्ति फॉन-ब्रॉन से परिचित था। फॉन-ब्रॉन स्वभाव से बहुत ही विनम्र थे। एक बार तो कलाम को ऐसा महसूस हुआ मानो विक्रम साराभाई उनके सामने बैठे हुए हैं। उन्होंने जर्मनी के मिसाइलमैन से मिसाइल निर्माण और रॉकेट तकनीकी के बारे में काफी जानकारियाँ प्राप्त कीं। लगभग डेढ़ घंटे बाद उनका एयरक्राफ्ट थुंबा पहुँचा। ब्रॉन को जब कलाम के बारे में ज्ञात हुआ तो वे उनसे बोले, 'हम सफलताओं और असफलताओं दोनों से बनते हैं। रॉकेट विज्ञान में लक्ष्य पाना ही आपका उद्देश्य होना चाहिए। लक्ष्य को प्राप्त करने के लिए एक नहीं बल्कि अनेक तरीके निकालने चाहिए। तुम रॉकेट विज्ञान को अपना पेशा, अपनी जीविका मत बनाओ। इसे अपना धर्म समझो, अपना मिशन बनाओ।'

कलाम बोले, 'सर, मैंने अपना संपूर्ण जीवन ही विज्ञान को समर्पित कर दिया है। विज्ञान के माध्यम से मेरा देश ऊँचाइयों को छुए, यही मेरा सपना है।'

इस पर फॉन ब्रॉन बोले, 'तुम बहुत मेहनती और प्रतिभाशाली हो, इसलिए अपने कीमती समय को जरा सा भी व्यर्थ मत गँवाओ।'

कलाम ने फॉन-ब्रॉन की इन बातों को सुनकर स्वयं को बदल लिया। अब

उन्होंने शाम को बैडमिंटन खेलना बंद कर दिया, सगे-संबंधियों के घर जाना बंद कर दिया और साप्ताहिक एवं अन्य छुट्टियों में भी मन लगाकर काम करना शुरू कर दिया। वे एस.एल.वी. परियोजना को ईश्वर का मिशन समझने लगे और उसकी प्रगति को ही उन्होंने अपने जीवन का उद्देश्य मान लिया। फॉन-ब्रॉन से मिलकर कलाम को जीवन की बहुत बड़ी सीख मिली। उनके जीवन में अनेक ऐसी विभूतियों का आगमन हुआ, जिन्होंने समय-समय पर उनके चरित्र को गढ़ने एवं विकसित करने में महत्त्वपूर्ण भूमिका निभाई। फॉन-ब्रॉन से मिलकर कलाम का व्यक्तित्व और अधिक निखर उठा।

□

फॉन-ब्रॉन की राय

फॉन-ब्रॉन से मिलकर डॉ. कलाम को बहुत अच्छा लगा। जितने भी समय फॉन-ब्रॉन कलाम के साथ रहे, वे उन्हें अनेक ज्ञानवर्द्धक बातें बताते रहे। एक बार कलाम और फॉन-ब्रॉन अमेरिका की विकसित प्रणाली के बारे में बातें कर रहे थे। कलाम बोले, 'अमेरिका की तरह विकसित हर देश हो सकता है। यदि हम भी अपनी तकनीक की गुणवत्ता को बढ़ाएँ तो हमारा देश भी प्रौद्योगिकी एवं तकनीक के विकास में बहुत संपन्न हो सकता है। सर, आपको क्या लगता है? क्या इस दिशा में हम अमेरिका से किसी मदद की उम्मीद कर सकते हैं?'

कलाम की बात सुनकर फॉन-ब्रॉन मुसकराए और बोले, 'कलाम, हम सभी को अमेरिकी लोगों से ज्यादा अपेक्षाएँ नहीं रखनी चाहिए। हमें उनसे मदद की उम्मीद कम है।'

कलाम बोले, 'सर, ऐसा क्यों कह रहे हैं? जब एक देश तरक्की की राह पर आगे बढ़ता है तो उसका फर्ज है कि वह विश्व के अन्य देशों को भी प्रगति की राह दिखाए।'

इस पर फॉन-ब्रॉन बोले, 'कलाम, अमेरिकी हर गैर-अमेरिकी चीज को संदेह तथा अपमान की दृष्टि से देखते हैं। वे बहुत गहराई तक 'नॉट इन्वाइटेड हियर' नामक मनोविकार से ग्रस्त हैं तथा विदेशी तकनीक को बहुत तुच्छ समझते हैं।'

फॉन-ब्रॉन के सरल व्यक्तित्व से कलाम पहले ही बेहद प्रभावित थे। अब वे उनकी बातचीत के भी कायल हो गए। वे बोले, 'सर, इसका अर्थ यह है कि भारत को अपनी तकनीक का स्वयं विकास करना होगा। दूसरे देशों से कुछ सीमा तक मदद तो ली जा सकती है, विदेशी वैज्ञानिकों से मार्गदर्शन भी प्राप्त किया

जा सकता है; परंतु हमें अपना वैज्ञानिक विकास अपने आप करना होगा। यदि देश को आत्मनिर्भर बनाना है, अपनी सुरक्षा-व्यवस्था और अर्थव्यवस्था मजबूत बनानी है तो नई प्रौद्योगिकी खोजनी होगी, नए अनुसंधान करने होंगे। दूसरे देशों पर अधिक निर्भरता ठीक नहीं।'

फॉन-ब्रॉन बोले, 'हाँ कलाम! अब तुम बिल्कुल ठीक कह रहे हो। दूसरे, जब भारत में योग्यता कूट-कूटकर भरी हुई है तो ऐसे में दूसरे देशों की ओर मदद के लिए ताकने की आवश्यकता ही नहीं है।'

कलाम ने फॉन-ब्रॉन की इस राय को गाँठ बाँध लिया और देश के लिए नई-नई खोजें करने में जुट गए।

□

भारतीय वैज्ञानिक का जुनून

यह घटना उस समय की है, जब एस.एल.वी.-3 की प्रायोगिक उड़ान 10 अगस्त, 1979 को निश्चित की गई थी। इस प्रणाली का स्थैतिकी परीक्षण व मूल्यांकन किया जाना था। परीक्षण के पंद्रह मिनट पहले प्रणाली की उल्टी गिनती पर टीम की नजर लगी हुई थी। प्रणाली के बारह वॉल्वों में से एक वॉल्व जाँच के दौरान सही नहीं पाया गया। इससे टीम के सदस्य परेशान हो गए। वे वॉल्व में आई गड़बड़ी को देखने के लिए परीक्षण स्थल तक गए। तभी अचानक लाल धुएँवाले नाइट्रिक (आर.एफ.एन.ए.) का टैंक फट गया और एसिड टीम के सदस्यों पर जा गिरा। इससे टीम के सदस्य गंभीर रूप से जल गए। अपने साथियों को इस दशा में देखकर कलाम को गहरा धक्का लगा। तुरंत सभी घायलों को त्रिवेंद्रम अस्पताल ले जाए गया। वहाँ कोई बिस्तर ही खाली नहीं था। बड़ी मुश्किल से एक बिस्तर की व्यवस्था हो पाई। घायलों में से एक वैज्ञानिक शिवराम कृष्णन भी थे। वे अपने काम के प्रति बेहद समर्पित थे। इस दुर्घटना में उनके शरीर में कई जगह पर एसिड गिरा था। वे पीड़ा और बेचैनी से कराह रहे थे। वे अपने होश में नहीं थे। कलाम उन्हें सांत्वना देने के लिए उनके पास ही बैठे हुए थे। जब शिवराम की थोड़ी सी चेतना लौटी तो उन्होंने अपने सिरहाने कलाम को बैठे हुए पाया। वे डॉ. कलाम को देखकर बोले, 'सर, मुझे इस दुर्घटना पर अफसोस है। इसके चलते परीक्षण कार्यक्रम में जो देरी हुई है, उसे मैं जल्दी ही ठीक कर दूँगा।' गंभीर एवं चिंताजनक हालत में भी वैज्ञानिक शिवराम की इस भावना ने कलाम के दिल को छू लिया। वह उन्हें सांत्वना देते हुए बोले, 'तुम्हारे ठीक होते ही हम इस पर मन लगाकर काम करेंगे। फिलहाल तुम अपने स्वास्थ्य पर ध्यान

दो।' इसके बाद कलाम मन में सोचने लगे—'शिवराम को अपनी जान की नहीं बल्कि काम की चिंता है। उनका शरीर बुरी तरह से जल गया है। फिर भी उन्हें एस.एल.वी.-3 के परीक्षण की चिंता है। ऐसे होते हैं भारतीय वैज्ञानिक। यदि सभी लोग शिवराम के नक्शे-कदम पर चलें तो इस देश का नक्शा ही बदल जाए।'''

□

'रोहिणी' की सफलता

18 जुलाई, 1980 को सुबह 8.03 बजे श्रीहरिकोटा रॉकेट प्रक्षेपण केंद्र से एस.एल.वी.-3 का प्रक्षेपण किया गया। उसे 'रोहिणी' नाम दिया गया। कलाम उस समय वहीं मौजूद थे। वह 'रोहिणी' की सफलता के लिए तन-मन से जुटे हुए थे। उन्होंने देखा कि छह सौवें सेकंड पर 'रोहिणी' उपग्रह को कक्षा में प्रवेश कराने के लिए चौथे चरण के इंजन से मिलनेवाले जरूरी वेग के बारे में कंप्यूटर पर आँकड़े आ रहे हैं। अगले दो मिनट में 'रोहिणी' पृथ्वी की निचली कक्षा में स्थापित हो गया था। यह देखकर कलाम ने अपने जीवन के अत्यंत महत्त्वपूर्ण शब्द कहे, 'मिशन डायरेक्टर की सभी स्टेशनों को सूचना है। महत्त्वपूर्ण घोषणा के लिए तैयार रहें। सभी चरणों ने मिशन की जरूरतों को पूरा कर लिया है। चौथे चरण के इंजन से 'रोहिणी' उपग्रह को कक्षा में प्रवेश कराने के लिए आवश्यक वेग दे दिया गया है।' यह खबर सुनते ही कलाम के साथियों में खुशी की लहर दौड़ गई। सभी लोग उत्साह से उछल पड़े। जैसे ही कलाम 'ब्लॉक हाउस' से बाहर निकले तो उनके साथियों ने उन्हें कंधे पर उठा लिया। उनके आस-पास रहनेवाले लोग भी वहाँ पर एकत्र हो गए। कुछ ही देर में पूरे देश में यह समाचार आग की तरह फैल गया कि 'भारत उन चुनिंदा देशों की कतार में शामिल हो गया है, जिनके पास उपग्रह प्रक्षेपण की क्षमता है। टेलीविजन में एस.एल.वी.-3 के प्रक्षेपण का दृश्य दिखाया जा रहा था। यह दृश्य देखकर संपूर्ण भारतवासी आनंदमग्न हो गए। डॉ. कलाम के आसपास उपस्थित लोगों ने टेलीविजन पर यह दृश्य देखकर उन्हें अपने कंधों पर उठा लिया और खुशियाँ मनाने लगे। देश-विदेश से कलाम के पास बधाइयों के संदेश आने लगे। पूरे देश में जश्न का माहौल बन गया। कलाम

के इस मिशन से पूरा देश गौरवान्वित हो उठा था। कलाम ने अपनी सभी इच्छाओं का त्याग करते हुए दिन-रात केवल अपने कार्य पर ध्यान दिया और यही कारण था कि सफलता आज उनके और देश के कदम चूम रही थी। इस सफलता ने भारत की कामयाबी को एक नई उड़ान और पहचान दिलाई।

□

सफलता की गरिमा के वस्त्र

डॉ. कलाम के अथक प्रयासों से एस.एल.वी.-3 अर्थात् 'रोहिणी' का प्रक्षेपण किया गया। इस सफलता ने न सिर्फ भारत देश की ख्याति में चार चाँद लगा दिए बल्कि कलाम को भी कामयाबी के शिखर पर पहुँचा दिया था। कलाम प्रत्येक व्यक्ति के प्रेरणा-पुंज बन गए थे। कलाम लोगों के बीच एक ऐसे लोकप्रिय वैज्ञानिक बनकर उभरे थे, जो अपने सीधे-सादे सरल स्वभाव और कठोर परिश्रम के कारण विपरीत परिस्थितियों को भी अपने पक्ष में करना जानते थे, जिन्होंने कभी हारना सीखा ही न था। इस सरल स्वभाव के वैज्ञानिक से मिलने के लिए अचानक ही सभी उत्सुक हो उठे थे। अब आएदिन कलाम का बड़ी-बड़ी हस्तियों से मिलना होता रहता था। एक दिन तत्कालीन प्रधानमंत्री इंदिरा गांधी ने प्रो. धवन के पास फोन किया और बोलीं, 'मुझे कलाम से मिलना है।' प्रो. धवन ने प्रधानमंत्री से कहा कि कलाम अवश्य उनसे मिलने के लिए आएँगे। इसके बाद उन्होंने उत्सुकता एवं प्रसन्नता के साथ यह खुशखबरी डॉ. कलाम को दी। वे बोले, 'कलाम, आपके लिए बेहद गौरव की बात है कि प्रधानमंत्रीजी आपसे स्वयं मिलना चाहती हैं। आपके अद्‌भुत कार्यों ने हर भारतीय को प्रभावित किया है। आपकी सफलता हर भारतीय को प्रभावित कर चुकी है।'

प्रधानमंत्री उनसे मिलना चाहती हैं, यह सुनकर कलाम प्रसन्न हो गए। लेकिन सहसा ही उनका चेहरा उदास हो गया। उनके चेहरे पर उदासी देखकर प्रो. धवन बोले, 'क्या बात है ? प्रसन्नता भरे वातावरण में अचानक उदासी की बदली कैसे छा गई ?'

कलाम बोले, 'कुछ खास नहीं। पर आप तो जानते ही हैं कि मैं बेहद सीधा-

सादा व्यक्ति हूँ। मेरे पास न ही सूट-बूट हैं और न ही अन्य प्रसाधन। मैं तो बेहद साधारण पैंट-कमीज और चप्पलें पहननेवाला आदमी हूँ। क्या प्रधानमंत्रीजी के पास ऐसे जाना उचित रहेगा?' यह सुनते ही प्रो. धवन खिलखिलाकर हँस पड़े और बोले, 'वाकई आप बेहद मासूम हैं, कलाम। अरे, आप जिस सफलता से सजे हो, उसके आगे अच्छे-से-अच्छे वस्त्र भी न के बराबर हैं। जो वस्त्र आपके पास हैं, वे किसी के पास नहीं हैं। तुम कल सुबह दिल्ली आ जाओ।' इसके बाद कलाम भी प्रधानमंत्री से मिलने के लिए उत्सुक हो उठे।

□

ए.पी.जे. के अर्थ

डॉ. कलाम अपने कार्य में इस कदर डूबे हुए थे कि उनके पास जरा सा भी वक्त मनोरंजन के लिए नहीं बचता था। एक दिन जब वे काम में डूबे हुए थे तो उनके कुछ मित्र उनसे बोले, 'आज तो हम आपके साथ बैठकर कुछ देर बातें करेंगे। आप हमेशा व्यस्त रहते हैं। व्यस्त रहना अच्छी बात है, लेकिन थोड़ा सा समय हमारे साथ भी रहें तो अच्छा लगेगा।'

कलाम दोस्तों की बातें सुनकर मुसकराने लगे और काम करते-करते बोले, 'आप बातें करते रहिए। मैंने आपको बातें करने से कब मना किया है?' इसके बाद सभी मित्र अपनी-अपनी बातें बताने लगे। कलाम भी उन्हें अपने जीवन और बचपन की बातें बताते हुए बोले, 'मेरा बचपन बेहद खूबसूरत था। मुझे आज भी अपने अब्बू, अम्मा और बहनोई की बहुत याद आती है।' एक मित्र बोले, 'आपके व्यक्तित्व को ऊँचाइयों तक पहुँचाने में किन-किनका अभूतपूर्व योगदान रहा है?'

कलाम बोले, 'मेरे माता-पिता, बहन-बहनोई के साथ ही मेरे शिक्षकों एवं साथी वैज्ञानिकों ने मेरे व्यक्तित्व को गढ़ने में मुख्य भूमिका निभाई है।' कुछ सोचते हुए उनके दूसरे मित्र बोले, 'डॉ. कलाम, आपकी सफलता और कामयाबी ने एक नया इतिहास रचा है। अब तो आपको 'डॉक्टर ऑफ साइंस' की मानद उपाधि से सम्मानित भी किया गया है। इस तरह अब आप डॉ. ए.पी.जे. अब्दुल कलाम हो गए हैं।' यह सुनकर तीसरे मित्र बोले, 'अच्छा कलाम, जरा यह तो बताओ कि ए.पी.जे. का क्या मतलब है?'

मित्रों की बात सुनकर कलाम सहजता से बोले, 'ए' का तात्पर्य 'अवुल' से है, जो मेरे परदादा थे; 'पी' का तात्पर्य 'पकीर' से है, जो मेरे दादा थे और 'जे'

का तात्पर्य 'जैनुलाबदीन' अर्थात् मेरे पिताजी से है। अपने नाम के साथ इन तीनों का नाम जुड़ने से मुझे एक विशेष शक्ति प्राप्त होती है और इस बात का अहसास होता है कि वे सभी मेरे साथ ही हैं।'

कलाम की ये बातें सुनकर उनके मित्र बोले, 'आप ठीक कहते हैं, कलाम! अपने पूर्वजों को आप साथ लेकर चलते हैं, तभी तो उनका आशीर्वाद आपके साथ पग-पग पर रहता है।' डॉ. कलाम बोले, 'आप सही कह रहे हैं।' इस प्रकार उस दिन कलाम ने अपने मित्रों की शिकायत करते हुए उनसे अपने जीवन के कई अनुभव साझा किए।

□

भतीजी का विवाह

डॉ. वी.एस. अरुणाचलम रक्षामंत्री के वैज्ञानिक सलाहकार थे। सलाहकार प्रो. रामन्ना के सेवानिवृत्त होने के बाद उन्हें उस पद पर नियुक्त किया गया था। एक दिन रक्षामंत्री आर. वेंकटरामन ने कलाम से मिलने की इच्छा जाहिर की। वे कुछ परियोजनाओं पर कलाम से बात करना चाहते थे। डॉ. अरुणाचलम ने कलाम को इस बारे में बताया। संयोगवश उसी दिन शाम को कलाम की भतीजी जमीला का रामेश्वरम में विवाह था और वे उत्सुकता से कलाम की प्रतीक्षा कर रही थीं। कलाम ने रक्षामंत्री से मिलने की सहमति तो दे दी, इसके साथ ही उन्होंने अरुणाचलम को यह भी बता दिया कि शाम को उनकी भतीजी का विवाह है और उनका रामेश्वरम पहुँचना बेहद मुश्किल है। जब रक्षामंत्री से कलाम की बातचीत हो गई तो अरुणाचलम उनसे बोले, 'सर, आज शाम को डॉ. कलाम की भतीजी का विवाह है। लेकिन इनके पास वहाँ पहुँचने के लिए पर्याप्त समय नहीं है। कलाम यहाँ से मद्रास विमान द्वारा पहुँच जाएँगे। यदि उन्हें मद्रास से मदुरै तक के लिए हेलीकॉप्टर की सुविधा मिल जाए तो वे विवाह में समय से पहुँच सकते हैं।' यह सुनकर रक्षामंत्री बोले, 'कलाम से कहो कि वे विमान से मद्रास पहुँचें। वहाँ उन्हें मदुरै ले जाने के लिए वायुसेना का हेलीकॉप्टर तैयार मिलेगा।'

डॉ. कलाम इंडियन एयरलाइंस के विमान से मद्रास आए। दिल्ली से मद्रास के बीच वे रक्षामंत्री तथा अरुणाचलम के प्रति मन-ही-मन आभार प्रकट कर रहे थे। मद्रास में वायु सेना का एक विशेष हेलीकॉप्टर खड़ा हुआ था। वह कलाम की फ्लाइट के लैंड होने के कुछ देर पहले ही आ गया था। वायुसेना के कमांडर ने कलाम को हेलीकॉप्टर में बैठाया। पायलट ने उड़ान भरी। कुछ ही मिनटों में

उसने कलाम को मदुरै रेलवे स्टेशन पहुँचा दिया। वे हेलीकॉप्टर से नीचे उतरे। यहाँ से कलाम को रामेश्वरम ट्रेन में बैठकर जाना था। स्टेशन पर ट्रेन का ड्राइवर कलाम की बेसब्री से प्रतीक्षा कर रहा था। इसके बाद ट्रेन से कलाम स्टेशन पर उतरे। वहाँ बहुत से परिचित लोग उनके इर्द–गिर्द जमा हो गए। सभी उनसे मिलने को बेहद उत्सुक थे। रामेश्वरम स्टेशन पर कलाम का गरमजोशी से स्वागत किया गया। इसके बाद डॉ. कलाम उस स्थान पर पहुँचे, जहाँ पर उनकी भतीजी जमीला का विवाह था। कलाम को देखते ही भतीजी जमीला उनके गले लग गई और खुशी से दोनों की आँखें नम हो गईं। इस तरह कलाम अपनी भतीजी के विवाह में शामिल हुए और एक पिता की तरह नम आँखों से उसे विदा किया।

□

गरीबों से हमदर्दी

यह घटना अल्मोड़ा की है। उस समय डॉ. ए.पी.जे. अब्दुल कलाम देश के राष्ट्रपति पद पर विद्यमान थे। एक बार वे अपने सहयोगियों के साथ प्रौद्योगिकी सूचना, पूर्वानुमान एवं मूल्यांकन परिषद् के प्रौद्योगिकी परिदृश्य 2020 परियोजना और उत्तराखंड शासन की संयुक्त परियोजना सचल रोग निदान एवं शोध केंद्र का शुभारंभ करने के लिए वहाँ पर गए हुए थे। इस सचल इकाई का मकसद उत्तराखंड के स्वास्थ्य सुविधाओं से वंचित पर्वतीय इलाकों में आधुनिक निदान उपकरण एवं सेवाएँ पहुँचाना है। इस इकाई की संभावित पहुँच इतनी है कि हर जिले में एक या दो इकाइयाँ देश के ज्यादातर हिस्सों में सुविधा पहुँचा सकती हैं। इन इकाइयों के माध्यम से मिलनेवाली सुविधाएँ वहाँ के निम्न वर्ग के लोगों के लिए बहुत मददगार एवं उपयोगी साबित होती हैं। राष्ट्रपति डॉ.ए.पी.जे. अब्दुल कलाम गरीबों के प्रति विशेष हमदर्दी रखते थे और सभी को कहते थे कि हर भारतीय को निर्धन व्यक्ति की हर संभव मदद करने का प्रयास करना चाहिए। ऐसा करके ही देश से गरीबी को कम किया जा सकता है। उस समय सचल इकाई परियोजना के निदेशक और नई दिल्ली के प्रसिद्ध विकिरण चिकित्सक/रेडियोलॉजिस्ट डॉ. कर्नल (रिटायर्ड) सी.एस. पंत एवं भारतीय उद्योग परिसंघ के प्रमुख सलाहकार वाई.एस. राजन वहाँ पर उपस्थित थे। राष्ट्रपति कलाम ने स्वयं वहाँ की सारी सुविधाओं का निरीक्षण किया। उन्होंने अच्छे कार्य के लिए पूरी टीम को बधाई दी। इसके बाद वे चिकित्सक/रेडियोलॉजिस्ट डॉ. कर्नल (रिटायर्ड) सी.एस. पंत की तरफ मुड़े और उनसे बोले, 'गरीबी रेखा से नीचे जीवनयापन करनेवाले परिवारों से इस सुविधा के लिए तुम कितना शुल्क लोगे?'

राष्ट्रपति की बात सुनकर डॉ. कर्नल रिटायर्ड सी.एस. पंत तुरंत बोले, 'कुछ भी नहीं, सर। भला मैं उन लोगों से शुल्क लेने की सोच भी कैसे सकता हूँ, जो दो वक्त की रोटी बमुश्किल जुटा पाते हैं।' सी.एस. पंत का जवाब सुनकर राष्ट्रपति कलाम की आँखों में चमक आ गई। वे बोले, 'तुम अपने इस वादे को निभाओगे न?' सी.एस. पंत बोले, 'जी सर। मैं अपनी तरफ से आपको निराश नहीं करूँगा।'

यह सुनकर राष्ट्रपति कलाम ने उनकी पीठ थपथपाई और बोले, 'मुझे तुमसे यही उम्मीद थी।' गरीबों के प्रति राष्ट्रपति की ऐसी दया-भावना देखकर वहाँ उपस्थित लोग अभिभूत हो गए।

□

'सर' का संबोधन

उन दिनों महामहिम राष्ट्रपति डॉ. अब्दुल कलाम की विशेष कार्य अधिकारी के पद पर सुश्री राकेश कुमार का चयन किया गया था। सुश्री राकेश कुमार अपने इस चयन को लेकर बेहद प्रसन्न थीं। वे स्वयं से प्रश्न कर रही थीं कि यह स्वप्न है या वास्तविकता। जब उन्हें ज्ञात हुआ कि वास्तविकता में उन्हें महामहिम राष्ट्रपति डॉ. अब्दुल कलाम की विशेष कार्य अधिकारी के पद पर नियुक्त किया गया है तो उनकी खुशी का पारावार न रहा। उन्होंने 6 अगस्त, 2002 को डॉ. कलाम के कार्यालय में अपना पदभार सँभाला। इसके बाद प्रतिदिन लगभग दस से बारह घंटे काम करना उनकी दिनचर्या का प्रमुख अंग बन गया। सुश्री राकेश कुमार महामहिम राष्ट्रपति डॉ. अब्दुल कलाम के भाषणों, संदेशों, पुस्तकों की समीक्षा, हिंदी समाचारों का अंग्रेजी अनुवाद करतीं। इसके साथ ही प्रतिदिन प्राप्त होनेवाले 40-45 हिंदी पत्रों का अनुवाद और उनका उत्तर तैयार करना भी उनकी दिनचर्या में शामिल था। देशवासियों को कलाम से बेहद अपेक्षाएँ थीं। वे अपने पत्रों में यही बातें लिखा करते थे। सुश्री राकेश कुमार कलाम को 'महामहिम राष्ट्रपति' कहकर संबोधित करती थीं। एक दिन वे उनके भाषण के कुछ अंश देख रही थीं। उन्हें कुछ समझ नहीं आया। इस बारे में उन्होंने राष्ट्रपतिजी से पूछना उचित समझा। वे उनके पास गईं और बोलीं, 'महामहिम राष्ट्रपतिजी, इसे किस तरह से पढ़ा जाएगा?'

सुश्री राकेश कुमार का प्रश्न सुनकर कलाम उनकी तरफ देखते हुए बोले, 'कितना अच्छा हो, यदि आप मुझे केवल 'सर' कहकर संबोधित करें। अब से आप हमेशा मुझे 'सर' ही कहेंगी।'

यह सुनकर सुश्री राकेश कुमार भारत के राष्ट्रपति कलाम की सादगी के आगे नतमस्तक हो गईं। वे जब तक उनके साथ रहीं, बेहद उत्साहित होकर उनके साथ काम करती रहीं। उनका कहना था कि पिता तुल्य व्यक्तित्व के साथ पाँच वर्ष कार्य करने का अवसर सौभाग्य से ही लोगों को मिलता है और मैं उन सौभाग्यशाली लोगों में से एक हूँ। इसके सिवाय मुझे किसी और इच्छा की कामना नहीं है। सुश्री राकेश कुमार ने राष्ट्रपति डॉ. कलाम के व्यक्तित्व से बहुत कुछ सीखा और उसी के अनुरूप अपने जीवन को सँवारा।

□

शुद्ध हृदय की चमक

एक बार डॉ. कलाम राष्ट्रपति भवन के बगीचे में बैठकर चाय पी रहे थे। उनके साथ चाय पर बायोमेडिकल इंजीनियरिंग के प्रोफेसर और केयर फाउंडेशन, हैदराबाद के निदेशक प्रो. अरुण तिवारी भी उपस्थित थे। विभिन्न विषयों पर बातचीत चल रही थी। उस समय उनकी बात धर्मपरायणता पर केंद्रित थी। प्रो. अरुण तिवारी बोले, 'न जाने कुछ लोगों को क्या हो जाता है कि वे अपने कार्य में सफल नहीं हो पाते हैं। ऐसा क्यों होता है?'

यह सुनकर कलाम बोले, 'अरुण, यह बताओ क्या तुम किसी गंदे कप में चाय डालोगे?' अपने प्रश्न के संदर्भ में यह प्रश्न सुनकर अरुण हैरानी से बोले, 'नहीं सर, कोई भी ऐसा कैसे कर सकता है? पहले कप को साफ किया जाएगा, उसके बाद ही उसमें चाय या अन्य पेय डाला जाएगा। यदि गंदे कप में चाय डाल भी दी जाए तो भला वह पीने योग्य कहाँ रह पाती है!' उनकी बात सुनकर कलाम बोले, 'बहुत अच्छा। बिल्कुल इसी तरह ईश्वर अशुद्ध हृदयों में शुद्ध प्रबुद्ध ज्ञान का प्रकाश नहीं डालता। जब तक व्यक्ति हृदय से शुद्ध नहीं हो पाता, तब तक न ही उसका अपने काम में मन लग पाता है और न ही वह सफलता को प्राप्त कर पाता है।'

कलाम की बात पर प्रो. अरुण उत्सुकतावश बोले, 'सर, शुद्ध हृदयों में क्या ईश्वर दैवी गुण डालते हैं?'

कलाम बोले, 'बिल्कुल। ईश्वर पहले लोगों के दिलों को देखते हैं और फिर उन्हें दैवी सम्मान तथा वृत्ति प्रदान करते हैं। यदि आप दिल से पाक-साफ हैं तो हर बाधा व मुसीबत का सामना करके कामयाबी तक पहुँच ही जाएँगे। मैंने अपने

जीवन में इस बात को बहुत जल्दी महसूस कर लिया था कि ईश्वर का आशीर्वाद उनके नेक बंदों में बसता है। इसलिए सभी लोगों को सद्भावनाओं के साथ अपने कार्यों को करना चाहिए और किसी से भी ईर्ष्या-द्वेष नहीं रखने चाहिए, न ही नकारात्मक भावनाओं के साथ पेश आना चाहिए।'

प्रो. अरुण कलाम की इस विचारधारा से बेहद प्रभावित हुए और बोले, 'सर, आप ठीक कहते हैं।'

□

बचपन की वह नाव

डॉ. ए.पी.जे. अब्दुल कलाम का जन्म बंगाल की खाड़ी के एक द्वीप रामेश्वरम में हुआ था। वह जब तक रामेश्वरम रहे तब तक सुबह, शाम और रात को अलग-अलग तरह से समुद्र की गर्जना को सुनते रहे। यह गर्जना हर मौसम में अलग-अलग होती। उन दिनों कलाम की आयु मात्र आठ वर्ष थी। बचपन से ही उन्हें प्रकृति का सान्निध्य मिला था, इसलिए वे प्रकृति के बेहद करीब थे। एक दिन उनके पिता जैनुलाबदीन बढ़ई के साथ मिलकर एक नाव बना रहे थे। नन्हे कलाम पिता और बढ़ई दोनों के पास बैठकर ध्यान से बनती नाव को देखते रहे। उस समय सुविधाओं का अभाव था, इसलिए नाव को बनाने में बहुत श्रम लग रहा था। कलाम ने साल-दर-साल उस नाव को बनते हुए देखा। कलाम देखते कि किस प्रकार बढ़ई और पिता मिलकर एक-एक लकड़ी को जोड़ते हैं और फिर उसे नाव का आकार देते हैं। कल-पुरजों के साथ उस नाव को मजबूती प्रदान की जाती है। चार सालों की कठोर मेहनत के बाद वह नाव तैयार हुई।। मजबूत और सुंदर आकार लिये हुए वह नाव बहुत सुंदर प्रतीत हो रही थी। जिस दिन उसका जलावरण हुआ, उस दिन कलाम के पिता ने एक खास नमाज अदा की और गरीबों को भोजन भी कराया। दस साल तक वह नाव उनकी आजीविका का प्रमुख साधन बनी रही। कलाम की शुरुआती शिक्षा उस नाव से होनेवाली आमदनी से ही पूरी हो पाई थी। दुर्भाग्यवश, एक दिन बहुत भारी तूफान आया और वह नाव उस समुद्री तूफान की भेंट चढ़ गई। उस नाव के बहने पर कलाम बेहद दुःखी हुए। बचपन की उस नाव से उन्हें विशेष लगाव था। उन्हें ऐसा महसूस हुआ जैसे कि उनके जीवन का एक अंग वह समुद्री तूफान अपने साथ बहा ले गया। □

पेटेंट प्रकोष्ठ की शुरुआत

उन दिनों कलाम रक्षा अनुसंधान एवं विकास संगठन (डी.आर.डी.ओ.) के प्रमुख थे। रक्षा अनुसंधान एवं विकास संगठन की उस समय 50 से ज्यादा प्रयोगशालाएँ थीं।

एक बार डॉ. ए.पी.जे. अब्दुल कलाम ने पुणे में निदेशकों का सम्मेलन आयोजित किया। उन्होंने उस सम्मेलन में राष्ट्रीय रासायनिक प्रयोगशाला (एन. सी.एल.) के निदेशक डॉ. माशेलकर को उद्घाटन भाषण के लिए आमंत्रित किया। व्याख्यान शुरू होने पर डॉ. माशेलकर ने कलाम को 'मिस्टर टेक्नोलॉजी ऑफ इंडिया' कहकर संबोधित किया। डॉ. माशेलकर ने सन् 1989 से ही पेटेंट साक्षरता आंदोलन शुरू किया था। व्याख्यान में उन्होंने पेटेंट पर ही बल दिया था। इसके बाद भोजन की व्यवस्था भी थी। भोजन के समय कलाम माशेलकर के पास आकर बोले, 'आपने मुझे 'मिस्टर टेक्नोलॉजी ऑफ इंडिया' कह दिया। आपने पेटेंट साक्षरता अभियान के बारे में भी बताया। लेकिन मैं आपको यह बताना चाहता हूँ कि आपका यह 'मिस्टर टेक्नोलॉजी ऑफ इंडिया' 'मिस्टर पेटेंट इल्लिटरेट ऑफ इंडिया' भी है।'

इस पर डॉ. माशेलकर बोले, 'सर, आप ऐसा क्यों कह रहे हैं?'

कलाम मुसकराकर बोले, 'ऐसा मैं इसलिए कह रहा हूँ, क्योंकि मुझे पेटेंट और उनके महत्त्व के बारे में बहुत कम जानकारी है और यह भी नहीं पता कि डी.आर.डी.ओ. इस बारे में क्या कर सकता है?'

यह सुनकर डॉ. माशेलकर ने उन्हें पेटेंट के बारे में बताया। पेटेंट के बारे में जानने के बाद उन्होंने उसी समय एक सदस्य को बुलाया और डी.आर.डी.ओ.

की सारी 50 से ज्यादा प्रयोगशालाओं में एक पेटेंट प्रकोष्ठ बनाने का निर्देश दिया। कलाम के प्रयासों के कारण ही डी.आर.डी.ओ. आज न केवल पेटेंट के बारे में भली-भाँति अवगत है, बल्कि बहुत अधिक सक्षम भी हो चुका है। कलाम एक ऐसे जुझारू वैज्ञानिक थे, जो विनम्रता के साथ सहजता से उस बात को स्वीकार करते थे, जो उन्हें नहीं पता थी।

□

दया के सागर

एक बार कलाम ने डॉ. माशेलकर को फोन किया। माशेलकर के फोन पर आने के बाद कलाम बोले, 'मैंने प्रधानमंत्री द्वारा गठित ज्ञान कार्यबल की एक मीटिंग रखी है। मीटिंग अत्यंत महत्त्वपूर्ण है। आप मेरे साथ मीटिंग में संचालन समिति में रहेंगे, इसलिए समय पर मीटिंग में पहुँच जाएँ।' किंतु दूसरी ओर से फोन पर चुप्पी थी। कलाम बोले, 'क्या हुआ, तुम कुछ बोल क्यों नहीं रहे हो?'

यह सुनकर डॉ. माशेलकर उदासी भरे स्वर में बोले, 'सर, मैं माफी चाहता हूँ। मीटिंग में उपस्थित नहीं हो सकूँगा।'

डॉ. माशेलकर की बात सुनकर कलाम बोले, 'ऐसा क्या जरूरी काम है?'

डॉ. माशेलकर बोले, 'सर, दरअसल अचानक मेरी पत्नी बीमार हो गई हैं। मुझे शाम को 4 बजे की उड़ान से पुणे जाना है। इस समय मेरा पत्नी के पास होना जरूरी है।' यह सुनकर कलाम बोले, 'अचानक क्या हो गया?' डॉ. माशेलकर बोले, 'सर, सारी बातें तो मुझे वहाँ जाकर ही पता चलेंगी। जब से यह खबर सुनी है, तब से मेरा तो दिमाग ही काम नहीं कर रहा है। मैं बेहद तनावपूर्ण स्थिति में हूँ।' यह कहते ही डॉ. माशेलकर का फोन पर ही गला रुँध गया और उनकी आवाज नहीं निकली। उस समय डॉ. माशेलकर अपने कार्यालय में ही थे और पत्नी के पास जाने की तैयारी कर रहे थे। वह बेहद उदास थे। तभी अचानक उन्होंने देखा कि कलाम उनके कमरे में आकर खड़े हो गए हैं। एक पल को तो डॉ. माशेलकर को लगा कि यह उनका भ्रम है, लेकिन जब उन्होंने कलाम की आवाज सुनी तो वे समझ गए कि कलाम यहाँ उपस्थित हैं। मात्र पंद्रह मिनट के अंदर कलाम अपनी महत्त्वपूर्ण मीटिंग स्थगित कर डॉ. माशेलकर के पास आ गए

थे। इसके बाद उन्होंने डॉ. माशेलकर को समझाया और उन्हें सांत्वना दी। कलाम की दयालुता और विनम्रता देखकर डॉ. माशेलकर अभिभूत हो गए और श्रद्धा से उनके प्रति नतमस्तक हो गए।

□

विज्ञान और अध्यात्म

एक बार डॉ. कलाम युवाओं से बातें कर रहे थे। कलाम बोले, 'आप में से कितने युवा ऐसे हैं, जिनकी विज्ञान में रुचि है?' वहाँ उपस्थित अनेक युवाओं ने हाथ उठाते हुए कहा, 'सर, हमें विज्ञान बहुत पसंद है।' एक युवा बोला, 'सर, मैं भी आपकी तरह वैज्ञानिक बनना चाहता हूँ। इसके लिए मैं विज्ञान की न सिर्फ पुस्तकें पढ़ता हूँ, बल्कि नई-नई खोजें करने में भी लगा रहता हूँ।' उसकी बात सुनकर कलाम बोले, 'शाबास! व्यक्ति तभी उन्नति करता है, जब वह अथक प्रयास कर काम में लगा रहता है। तुम अवश्य सफल होओगे। मेरा आशीर्वाद तुम्हारे साथ है।'

वहाँ उपस्थित दूसरा युवा बोला, 'सर, मेरे मन में एक जिज्ञासा है।' कलाम बोले, 'बताओ। हो सकता है, मैं तुम्हारी जिज्ञासा का समाधान कर सकूँ।' युवा बोला, 'सर, क्या विज्ञान का अध्यात्म से गहरा नाता है? मैंने पढ़ा है कि विज्ञान और अध्यात्म एक-दूसरे के पूरक हैं। क्या कभी इस जीवन में विज्ञान और अध्यात्म का संगम हो सकता है?'

यह सुनकर डॉ. कलाम मुसकराते हुए बोले, 'यह तो तुमने बहुत ही अच्छा प्रश्न किया है। इसका जवाब मैं तुम्हें बहुत अच्छी तरह से दे सकता हूँ, क्योंकि मैंने विज्ञान और अध्यात्म दोनों का संगम देखा है।' यह सुनकर वहाँ उपस्थित युवा बोले, 'सर, हमें बताइए न, कि विज्ञान और अध्यात्म का संगम कब होता है?'

कलाम बोले, 'जब मैं बहुत छोटा था तो मेरे पिता और रामेश्वरम मंदिर के बड़े पुरोहित अपने घरों में भगवद्गीता और कुरान शरीफ पर चर्चा किया करते थे। यहाँ तक कि एक गिरजाघर एक प्रौद्योगिकी प्रयोगशाला में बदल गया और

वह चर्च रॉकेट प्रौद्योगिकी का जन्म-स्थान बना। ऐसे में विज्ञान और अध्यात्म का संगम हुआ कि नहीं। जब अध्यात्म और पूजावाले स्थान पर विज्ञान की उपस्थिति हो जाए तो समझो, दोनों का संगम हो गया।'

इस पर एक युवा बोला, 'सर, यह तो वाकई आपने बहुत अच्छी बात हमें बताई है। इस तरह से तो भारत के हर धर्मस्थल पर विज्ञान विराजमान हो सकता है।' कलाम बोले, 'हाँ बच्चो और जब भारत के हर धर्मस्थल पर विज्ञान का संगम होगा तो सभी लोग एक हो जाएँगे, तब वहाँ केवल एक धर्म होगा—मानवता का, जो उसे विज्ञान के साथ जोड़ेगा।'

सभी युवा कलाम की इन बातों से बेहद प्रभावित हुए और उन्होंने संकल्प लिया कि वे भविष्य में ऐसे ही कार्य करेंगे, जिससे कि विज्ञान और अध्यात्म का संगम हो।

□

राष्ट्रपति की शपथ

डॉ. कलाम विज्ञान की पूजा करते थे। वे विज्ञान के साथ ही देश को भी शिखर पर देखना चाहते थे। जब वे देश के राष्ट्रपति बने तो उन्होंने शपथ लेते हुए कहा था, 'जब मैं अपने देश की यात्रा करता हूँ, जब मैं अपने देश के तीन तरफ के समुद्रों की लहरों की आवाजें सुनता हूँ, जब मैं ऊँचे हिमालय से आती हवा महसूस करता हूँ, जब मैं पूर्वोत्तर और हमारे द्वीपों की जैव विविधता देखता हूँ और जब मैं पश्चिमी रेगिस्तान की गरमी महसूस करता हूँ, जब मैं युवाओं की आवाज सुनता हूँ तो मैं सोचता हूँ कि मैं भारत गान कब गा पाऊँगा?' अगर हमारे युवा को भारत गान गाना है तो भारत को ऐसा विकसित देश बनना होगा, जो गरीबी, निरक्षरता व बेरोजगारी से मुक्त हो और आर्थिक समृद्धि, राष्ट्रीय सुरक्षा तथा आंतरिक सद्भाव से परिपूर्ण हो।' समारोह में इस बात पर तालियों की गड़गड़ाहट ने पूरे वातावरण को मानो यह संदेश दे दिया हो कि भारत की कमान अब एक ऐसे वैज्ञानिक के हाथों में आ गई है, जो धर्म और विज्ञान का संगम करते हुए युवाओं को इससे जोड़ना चाहता है।

जैसे ही करतल ध्वनि मद्धिम हुई, वैसे ही कलाम की आवाज फिर गूँजी। वे बोले, 'भारत के युवा नागरिक के रूप में—प्रौद्योगिकी, ज्ञान और अपने देश के प्रति प्रेम से भरपूर मेरा मानना है कि छोटा लक्ष्य रखना अपराध है। मैं ऐसे महान् विजन के लिए काम करूँगा और पसीना बहाऊँगा, जो भारत को विकसित देश के रूप में बदलने का हो, मूल्य-प्रणाली समेत आर्थिक शक्ति से युक्त हो। अरबों नागरिकों में से मैं एक हूँ। केवल विजन ही करोड़ों आत्माओं को जाग्रत् कर सकेगा। यह मेरे अंदर बैठ चुका है। जाग्रत् आत्मा पृथ्वी पर और पृथ्वी के अंदर

अन्य किसी भी संसाधन की तुलना में सबसे ताकतवर है। मैं विकसित भारत के विजन को हासिल करने के लिए ज्ञान का दीपक जलाए रखूँगा।' कलाम के ऐसे वक्तव्य ने वहाँ उपस्थित सभी राजनेताओं के साथ समूची जनता को यह बता दिया कि अब देश के सर्वोच्च पद पर ऐसा व्यक्ति विराजमान है, जो विज्ञान और मानव को सर्वोपरि रख उसके हित के लिए काम करना अपना धर्म समझता है।

□

युवाओं के रोल मॉडल

डॉ. कलाम एक अच्छे शिक्षक थे। वे यही चाहते भी थे कि लोग उन्हें सबसे पहले शिक्षक के रूप में याद करें। एक बार वे युवाओं के बीच में व्याख्यान दे रहे थे। उनके व्याख्यान में युवा केंद्र में रहते थे। युवाओं को उनसे प्रश्न पूछने की छूट थी। वहाँ उपस्थित सभी युवा कलाम के बचपन से लेकर उच्च पद पर पहुँचने से परिचित थे। कलाम विज्ञान-प्रेमी थे। वे युवाओं को प्रेरित करते हुए बोले, 'देश को शिखर पर ले जाने की सबसे बड़ी जिम्मेदारी युवाओं को ही है। युवा अपने परिश्रम और आत्मविश्वास से असंभव को भी संभव बना सकते हैं। आप देखिए, हमारा देश धर्मनिरपेक्ष तो रहा ही है, साथ ही देश ने अनेक महान् विभूतियाँ भी पूरे विश्व को दी हैं। हमारी यह पावन धरती बुद्ध, महावीर, गांधी, अंबेडकर और जगदीशचंद्र बसु जैसे वैज्ञानिकों की जन्मदात्री रही है। इन विभूतियों ने अपना बचपन और जीवन यहाँ गुजारा और अपनी उपलब्धियों से देश का नाम रोशन किया। आप सभी युवाओं को इनसे प्रेरणा लेते हुए अपने कार्य को करते हुए चलना है।' इसके बाद वे कुछ देर रुके और युवाओं से बोले, 'क्या आपके मन में कोई प्रश्न है, जो आप मुझसे पूछना चाहते हैं?'

कई युवाओं की आवाज 'हाँ' में आई और कई हाथ उठ गए। फिर उन्होंने एक युवक की ओर इशारा किया और बोले, 'बताओ, क्या कहना चाहते हो?' तभी वह बोला, 'सर, मैं यह कहना चाह रहा था कि बुद्ध, महावीर आदि तो अब हैं नहीं। हम उनसे तो प्रेरणा लेंगे ही; लेकिन आप कोई ऐसा नाम भी सुझाएँ, जो हमारे लिए इस समय रोल मॉडल के रूप में उभरे हों और जिन्होंने अपना सर्वस्व देश पर समर्पित किया हो।'

युवा की बात सुनकर कलाम कुछ सोचने लगे। तभी एक साथ सभी युवा बोले, 'वर्तमान समय के हमारे रोल मॉडल तो आप ही हैं। आपके सान्निध्य में हमें बहुत कुछ सीखने को मिला है। आपका जीवन हमें विनम्रता के साथ ही कठोर परिश्रम का संदेश देता है। हम आपसे वादा करते हैं कि अपने जीवन को सफल बनाएँगे और देश को शिखर पर पहुँचाएँगे।' इसके बाद तालियों की गड़गड़ाहट से सभी ने कलाम को रोल मॉडल स्वीकार किया।

□

सभी धर्मों के प्रति समान आदर

कलाम के दादा और परदादा को रामेश्वरम में अबू-बक्र—श्रेष्ठ नेता कहकर सम्मान दिया जाता था। इस द्वीप को इस रूप में जाना जाता है कि भगवान् श्रीराम ने यहीं से रावण के विरुद्ध अपना युद्ध अभियान आरंभ किया था। इस द्वीप में श्रीराम-सीता के साथ विवाह की रस्म को मनाकर इस घटना को याद किया जाता है। पवित्र जलराशि 'रामर धीरम' पर सजे हुए विग्रहों को तैराने के लिए कलाम के दादा तैरानेवाले तख्त उपलब्ध कराया करते थे। वह जलस्रोत बहुत गहरा था। उसके केंद्र में बने मंडप की परिक्रमा वे विग्रह किया करते थे, जिनमें श्रीराम के स्वर्णाभूषणों समेत भारी सजावट की जाती थी। उस समय उस अवसर पर वहाँ जनता का हुजूम एकत्र हो जाता था। एक बार कलाम के परदादा इस आयोजन को देख रहे थे। दुर्भाग्यवश उस समय वहाँ पर एक दुर्घटना घट गई। विग्रह उल्टकर पानी में गिर गया और डूब गया। कलाम के परदादा बिना कुछ सोचे-समझे, बिना कोई संकोच किए तुरंत पानी में कूद पड़े और उस विग्रह को निकालकर बाहर ले आए। वहाँ उस समय हिंदुओं के साथ ही सभी धर्मों के लोग उपस्थित थे। एक मुसलिम की हिंदू धर्म के प्रति समान आस्था देखकर लोग चकित रह गए। अनेक लोग तो यह देखकर उनके प्रति श्रद्धा से नतमस्तक हो गए कि उन्होंने अपनी जान की बाजी लगाकर विग्रह को बाहर निकाल दिया। इसके बाद मंदिर के पुजारी ने कलाम के परिवार के लिए सम्मान के तौर पर 'मुथलमरियथई' अर्थात् प्रथम सम्मान की घोषणा कर दी। विग्रह मिल जाने का शुक्रिया अदा करने तथा कलाम के परिवार को विशेष सम्मान मिलने के उपलक्ष्य में रामेश्वरम मसजिद में एक खास प्रार्थना आयोजित की गई। इस तरह से दो धर्म एकता के स्वर में मिलकर समधर्म बन गए और लोगों के लिए एक ऐसी प्रेरणा का स्रोत, जो युग-युगों तक मिसाल बनकर मानव को सीख देता रहेगा। □

पुस्तकों से लगाव

उस समय कलाम की उम्र मात्र आठ वर्ष की थी। उनके चचेरे भाई शम्सुद्दीन रामेश्वरम के रेलवे स्टेशन पर समाचार-पत्रों, पत्रिकाओं और किताबों का स्टॉल लगाते थे। कलाम को बाहरी संसार बहुत अच्छा लगता था। स्कूल से लौटते ही वह अपने चचेरे भाई के स्टॉल पर आ जाते। वहाँ वे देखते कि संसार में तमाम ऐसा ज्ञान बिखरा पड़ा है, जिसे इनसान समेटने की कोशिश करे तो कई जन्म छोटे पड़ जाएँ। वे ज्ञान के खजाने को समेटने में लग जाते। शम्सुद्दीन कलाम को बहुत प्यार करते थे। वे कलाम को अपने पास बैठा लेते। कलाम पढ़ना सीख गए थे। वे पुस्तकों से कोई भी पुस्तक निकाल लेते और जिज्ञासावश उसके पन्ने पलटने लगते। चित्रोंवाली पुस्तकें उन्हें विशेष रूप से आकर्षित करती थीं। इसके साथ ही कई तरह के समाचार-पत्रों को देखकर वे उन्हें उठाते और पढ़ने का प्रयास करते। उन दिनों द्वितीय विश्व युद्ध आरंभ हो गया था। अकसर समाचार-पत्रों में द्वितीय विश्व युद्ध की घटनाएँ लिखी होती थीं।

कुछ बड़े होते ही कलाम ने शम्सुद्दीन के ग्राहकों के पास अखबार व पत्रिकाएँ पहुँचाने का काम पकड़ लिया। युद्ध शुरू होने के कुछ दिनों बाद ही रामेश्वरम स्टेशन पर गाड़ी रुकनी बंद हो गई। अखबार के बंडल अब धनुषकोडि और रामेश्वरम के बीच रामेश्वरम रोड़ पर चलती गाड़ी से गिराए जाते थे। अब कलाम ने अखबारों के बंडल रामेश्वरम रोड से उठाकर रेलवे स्टेशन स्थित शम्सुद्दीन के स्टॉल तक पहुँचाने की जिम्मेदारी सँभाल ली थी। इसके लिए कलाम प्रातः जल्दी ही रामेश्वरम रोड पहुँच जाते थे। जैसे ही गाड़ी अखबारों के बंडल गिराती, वे उन्हें उठाना शुरू कर देते थे। स्टॉल पर अखबारों के बंडल

खोले जाते थे। इसके बाद कलाम ग्राहकों तक अखबार पहुँचाने का काम जल्दी-जल्दी पूरा करते और भागकर घर पहुँचते थे। इसके बाद वे जल्दी-जल्दी तैयार होकर अपने स्कूल के लिए निकल पड़ते थे। कलाम को बचपन से ही पुस्तकों, पत्रिकाओं और अखबारों के बीच रहने के कारण उनसे लगाव हो गया था। उनका यह लगाव जीवन भर बना रहा और पुस्तक-प्रेमी होने के कारण ही वे अत्यंत ज्ञानवान्, धैर्यवान् एवं कामयाब बन पाए।

□

नावों का आकर्षण

अहमद जलालुद्दीन कलाम के प्रेरणास्रोत थे। वे कलाम से उम्र में पंद्रह वर्ष बड़े थे। जब कलाम केवल छह वर्ष के थे, तब उनके पिता जैनुलाबदीन ने स्थानीय ठेकेदार अहमद जलालुद्दीन के साथ मिलकर नौका बनाने का काम प्रारंभ किया था। साथ-साथ काम करते-करते जैनुलाबदीन को अहमद जलालुद्दीन का स्वभाव, उनकी विनम्रता और शिक्षा ने इस कदर प्रभावित किया कि उन्होंने अपनी बेटी जोहरा का विवाह अहमद जलालुद्दीन के साथ कर दिया। इस प्रकार वे कलाम के बहनोई बन गए। जलालुद्दीन बहुत अच्छी नौकाएँ बनाते थे। उनका नौका बनाने का काम चल निकला। इस प्रकार दोनों परिवारों की अच्छी आमदनी होने लगी। ये नावें तीर्थयात्रियों को रामेश्वरम से धनुषकोडि तक लाने-ले जाने का काम करती थीं। कलाम कभी अहमद जलालुद्दीन के साथ तो कभी अपने पिता के साथ नाव पर जाते थे। उन्हें समुद्र-तट पर नावों का चलना बहुत आकर्षित करता था। यह देखकर नन्हे कलाम मचल उठते थे और स्वयं नाव चलाने की जिद करने लगते थे। उन्हें नाव चलाने की जिद करते देखकर अहमद जलालुद्दीन उन्हें प्रेम से समझाते हुए कहते, 'कलाम, तुम अभी बहुत छोटे हो। मैं तुम्हें नाव चलाने की जिम्मेदारी नहीं दे सकता।' इस पर कलाम कहते, 'पर मेरा नाव चलाने का बहुत मन करता है। मेरा नई-नई चीजें देखने को, उन्हें जानने को दिल मचल उठता है।' इस पर जलालुद्दीन मुसकराकर कलाम से बोले, 'मुझे मालूम है कि तुम्हारे अंदर नए-नए काम करने की बड़ी इच्छाएँ हैं। परंतु समुद्र-तट पर नाव चलाने में जोखिम है, ऊपर से यात्रियों की जिंदगियों की जिम्मेदारी। जब तुम बड़े हो जाना, तब अपना यह शौक भी पूरा कर लेना। अभी ऐसी क्या जल्दी है! अभी

तो केवल दूर से नौकाओं के पानी पर तैरने के दृश्यों का आनंद लो और नौका विहार का सुख लूटो।'

इस पर कलाम मुसकरा देते और समुद्रों में चलती नावों को देखते रहते।

□

जलालुद्दीन घनिष्ठ मित्र

कलाम के बहनोई जलालुद्दीन उम्र में बड़े होने पर भी कलाम के काफी करीब थे। जलालुद्दीन अंग्रेजी जानते थे। वे नियमित रूप से शिक्षा प्राप्त नहीं कर पाए थे। इसलिए वे कलाम को अकसर शिक्षा की ओर प्रेरित करते थे। पूर्ण रूप से शिक्षित न होने पर भी उनका व्यक्तित्व संस्कारी और विनम्र नजर आता था। कलाम को वे तरह-तरह की बातें बताया करते थे। वे आध्यात्मिक प्रवृत्ति के भी थे। वे अकसर कलाम को ईश्वर के बारे में बताया करते थे। जब जलालुद्दीन ईश्वर के बारे में बातें करते तो कलाम एकटक उनकी ओर देखते रहते थे। जलालुद्दीन कलाम से कहते, 'तुम्हें पता है, जिस प्रकार मंदिर में की गई प्रार्थना ईश्वर तक पहुँचती है, ठीक उसी प्रकार मसजिद में पढ़ी गई नमाज भी वहाँ तक पहुँचती है।'

कलाम अपने पिता व बहनोई से प्रेरित होकर ही 'गीता' व 'कुरान' दोनों के प्रति समान भाव से आकर्षित थे। जलालुद्दीन कलाम से कहते, 'वैज्ञानिक लगातार खोजों में लगे रहते हैं और विश्व व मानव को ऐसी उपयोगी वस्तुएँ दे जाते हैं, जो उनके जीवन को सरल और सुविधाजनक बना देता है।'

इन बातों को सुनकर कलाम कहते, 'मैं भी खूब पढ़ूँगा और नई-नई खोजें करके अपने भारत देश को तरक्की की राह पर ले जाऊँगा।' इस पर जलालुद्दीन प्रेम से कलाम के सिर पर हाथ फेरते और कहते, 'मुझे मालूम है, तुम बहुत होनहार हो और तुम्हारे अंदर नई-नई कल्पनाएँ सिर उठाती हैं। जैसे-जैसे तुम बड़े होते जाओगे, वैसे-वैसे तुम्हारे दिमाग में यह तसवीर साफ हो जाएगी कि तुम्हारे जीवन का उद्देश्य क्या है? तुम्हें किस ओर जाना है? तुम जो कुछ भी

करोगे, परंतु इतना अवश्य है कि तुम रामेश्वरम जैसे छोटे से कस्बे से निकलकर हम सबका नाम रोशन करोगे।' जलालुद्दीन की ये बातें कलाम के अंदर नई ऊर्जा व आत्मविश्वास का संचार करती और वे उत्साह से कहते, 'हाँ, मैं खूब पढ़ूँगा और अपने देश व परिवार का नाम रोशन करूँगा। आप मेरे सच्चे मित्र हैं और मुझे नई राह दिखाते हैं।'

इस प्रकार कलाम एवं जलालुद्दीन का दिन साथ में अकसर बड़ी-बड़ी कल्पनाएँ और बातें करते हुए बीतता। इन्हीं कल्पनाओं को एक दिन कलाम ने सच कर दिखाया और न सिर्फ अपने परिवार का, बल्कि पूरे देश का सिर विश्व के समक्ष गर्व से ऊँचा कर दिया।

□

अविवाहित रहने का संकल्प

कलाम की माँ के भी अन्य माँओं की तरह ही अरमान थे। हर माँ अपने बेटे के लिए कई कल्पनाएँ करती है। वे उन्हें दूल्हे के रूप में देखना चाहती थीं। जब बेटा अच्छा पढ़-लिखकर नौकरी करने लगा तो एक दिन वे बोलीं, 'बेटा, अब तो तूने हमारी सभी आशाओं को पूरा करते हुए एक अच्छी नौकरी प्राप्त कर ली है। तूने बाहर जाकर पढ़ाई-लिखाई करनी चाही, मैं कभी तेरे मार्ग में बाधा नहीं बनी। अब तो तुम खूब पढ़ चुके हो, नौकरी भी कर रहे हो। पर मनुष्य का जीवन केवल शिक्षा एवं नौकरी तक ही सीमित नहीं रहता। इसके आगे भी उसकी योजनाएँ व कार्य होते हैं, जिन्हें पूरा करना उसका दायित्व होता है। उचित आयु होने पर अनिवार्य कार्यों को भी समय पर कर लिया जाए तो अच्छा है।'

माँ की इन बातों से वे समझ गए कि उनका इशारा किस ओर है। वे बोले, 'माँ, मुझे विवाह के बंधन में बँधने के लिए मत कहो। जीवन बहुत छोटा है, काम बहुत अधिक माँ, मैं अपने जीवन में कुछ ऐसे काम करना चाहता हूँ, जिससे मेरे माता-पिता का नाम रोशन हो और देश की तरक्की हो। मैं विवाह की जिम्मेदारी को ठीक तरह से नहीं निभा पाऊँगा।' माँ बेटे की बातों को सुनकर दंग रह गईं। उनके अरमान एक पल में बिखर गए। वह बहुत देर तक खामोश खड़ी रहीं। माँ की गहरी चुप्पी देखकर कलाम समझ गए कि उन्होंने अपने अविवाहित रहने का संकल्प सुनाकर माँ के हृदय को गहरी ठेस पहुँचाई है। वे स्वयं से बोले, 'माँ, मैंने तेरा दिल दु:खाया है। मैं तेरा गुनहगार हूँ। पर इस दु:ख को मैं अपने जीवन की प्रेरणा बना लूँगा। इस दु:ख के कारण तुम्हारी आँखों से निकले आँसुओं की कीमत तो मैं नहीं चुका पाऊँगा, परंतु अपनी मेहनत और लगन से यह अवश्य साबित कर दूँगा कि मेरा यह फैसला सार्थक था।' □

प्रकृति से मिली प्रेरणा

कलाम का बचपन रामेश्वरम के समुद्र, वहाँ की गलियों और मंदिर व मसजिद के बीच में बीता। वे सागर की रेती पर अपने मित्रों के साथ अठखेलियाँ करते, घंटों वहाँ बैठे रहते। पिता जब सागर के समीप नावें ले जाते तो कलाम की उत्सुकता देखने लायक होती थी। एक दिन वह सागर के किनारे बैठे वहाँ उठनेवाली लहरों के उतार-चढ़ाव को देख रहे थे। दूर-दूर तक फैला सागर उनकी उच्च आकांक्षाओं को उड़ान दे रहा था। वे सागर की लहरों में खोए थे कि तभी उनके मित्र ने उनके कंधे पर हाथ रखकर कहा, 'दोस्त! भला सागर में ऐसा क्या है, जिसे तुम इतने गौर से देख रहे हो?' मित्र की बात पर कलाम मुसकराकर बोले, 'सागर का सौंदर्य, उसमें छिपा संदेश मेरे लिए प्रेरणा का केंद्र है और हमेशा रहेगा।'

यह सुनकर मित्र वहीं बैठ गया और बोला, 'अच्छा, फिर तो मुझे भी विस्तार से जरा सागर की उस सुंदरता का बखान करो, जो तुम्हारे लिए प्रेरणा-स्रोत बन गई है।' कलाम बोले, 'मेरे लिए केवल सागर ही नहीं, बल्कि संपूर्ण प्रकृति प्रेरणा का स्रोत है। दूर तक सागर की गहरी जलराशि को देखो, इससे उपजी ध्वनि को महसूस करो।' मित्र ने कुछ देर तक सागर की जलराशि की ध्वनि को महसूस किया और बोला, 'यह तो तुम ही बताओ कि यह ध्वनि क्या कहती है?' कलाम बोले, 'सागर की यह ध्वनि कल-कल निनाद से मन के तारों को झकझोरती है, मन को एकाग्रता के बिंदु पर पहुँचाती है।' यह सुनकर मित्र बोले, 'अब यह भी बताओ कि समुद्र की सतह पर उठती-गिरती लहरें क्या कहती हैं?' कलाम बोले, 'सागर पर उठती-गिरती अनंत लहरों का अविरल सौंदर्य मन में भाँति-भाँति की

भावनाओं का संचार करता है। इतना ही नहीं, तुम समुद्र के ऊपर उड़ते पक्षियों को देखो।' मित्र आसमान में उड़ते पक्षियों की ओर देखने लगा। तभी कलाम बोले, 'क्या तुम्हारा मन नहीं करता कि तुम भी इन पक्षियों की भाँति उड़ो।' ये बातें सुनकर मित्र बोला, 'तुम तो दार्शनिकों की-सी बातें करते हो। भला आसमान में कहीं हम पक्षियों की तरह उड़ सकते हैं!' इस पर कलाम मुसकराकर बोले, 'पक्षियों की भाँति न सही, लेकिन ऐसी कोई वस्तु तो अवश्य बना सकते हैं, जो उड़ सके और हमें बादलों के उस पार ले जाए।' यह सुनकर मित्र स्तब्ध रह गया और बोला, 'कलाम, तुम अवश्य एक-न-एक दिन इतिहास रचोगे।' इसके बाद कलाम ने न सिर्फ मिसाइलों के क्षेत्र में भारत का नया इतिहास रचा, बल्कि अनेक ऐसे विमान बनाने में उनका महत्त्वपूर्ण योगदान रहा जिन्होंने भारत को एक नई पहचान दी।

□

बचपन की तिकड़ी

कलाम बहुत मिलनसार प्रवृत्ति के थे। उनका सीधा-सादा व्यक्तित्व बिल्कुल पिता से मेल खाता था। उनके पिता के मित्रों में हिंदू एवं मुसलमान का कोई भेद न था। सब केवल मानव थे। उसी तरह कलाम के घनिष्ठ मित्रों में तीनों ब्राह्मण थे। कलाम को उनसे भी बहुत प्रेरणा मिली। चारों में घनिष्ठ मित्रता थी। तीनों कलाम को बहुत प्रेम करते थे और एकता के साथ रहते थे। बचपन की उनकी इस तिकड़ी में रामानंद शास्त्री, अरविंदन और शिवप्रकाशन थे। सभी साथ मिलकर पढ़ते थे, साथ खेलते थे और आपस में भविष्य की ढेर सारी योजनाएँ बनाते थे। सभी मित्रों में कलाम पढ़ने में बहुत तेज थे। वे असाधारण प्रतिभा-संपन्न थे। अपनी प्रतिभा एवं योग्यता के कारण उन्हें यह ज्ञात था कि वे बड़े लक्ष्य को प्राप्त कर अपने माता-पिता, मित्रों और रामेश्वरम का नाम रोशन करेंगे। रामेश्वरम का विद्यालय छोटा था। वहाँ से पढ़ने के बाद कलाम ने निश्चय कर लिया कि उन्हें पढ़ने के लिए रामेश्वरम से बाहर निकलना होगा। बाकी तीनों मित्रों ने पढ़ाई बीच में ही छोड़ दी। इसके बाद वे अपने परिवार की छोटी-मोटी जरूरतें पूरी करते रहे। बड़े होने पर रामानंद शास्त्री अपने पिता के स्थान पर रामेश्वरम मंदिर के पुजारी बन गए। अरविंदन ने तीर्थ-यात्रियों को यहाँ से वहाँ पहुँचाने के लिए टेंपो चलाने का काम शुरू कर दिया और शिवप्रकाशन दक्षिण रेलवे में खान-पान के ठेकेदार बन गए। इनमें कलाम अकेले ऐसे रह गए, जिन्होंने पढ़ाई को अपना लक्ष्य बनाया और उच्च शिक्षा प्राप्त करने के साथ ही एक पद से दूसरे पद पर आसीन होते हुए वे देश के सर्वोच्च पद पर आसीन हो गए। देश के सर्वोच्च पद पर आसीन होने के पश्चात् भी वे अपने बचपन की तिकड़ी को

नहीं भूले। उनके मन में जीवन भर अपने बचपन के मित्रों के प्रति असीम प्रेम बना रहा और उन्हें प्रेरणा देता रहा। उनके मित्र भी कलाम जैसे व्यक्ति के रूप में ऐसे मित्र को पाकर धन्य थे, जो उच्च पदस्थ होकर भी विनम्रता और शालीनता की मूरत था। कलाम सदैव जमीन से जुड़े रहे।

□

अध्यापक का सम्मान

जिन दिनों कलाम श्वाट्र्ज हाई स्कूल, रामनाथपुरम में पढ़ते थे, उन दिनों उन्हें अध्यापक अयादुरै सोलोमन पढ़ाया करते थे। कलाम सोलोमन से बहुत प्रभावित थे। वे सभी छात्रों को बहुत प्रेम करते थे। जब कलाम शिक्षा प्राप्त कर उच्च पद पर पहुँच गए तो एक दिन उन्हें मदुरै स्थित कामराज विश्वविद्यालय के दीक्षांत समारोह में भाषण देने के लिए बुलाया गया। वहाँ पहुँचने पर कलाम को ज्ञात हुआ कि उनके वृद्ध अध्यापक सोलोमन मदुरै के बाहर एक छोटी सी बस्ती में रहते हैं। सोलोमन सेवानिवृत्त होने के बाद अपने परिवार के साथ इस बस्ती में रह रहे थे। अब उनकी अवस्था 80 वर्ष के आसपास थी। वे कलाम की प्रशंसा और उनकी योग्यता के चर्चे सुनते रहते थे। जब उन्हें यह ज्ञात होता कि कलाम ने विज्ञान को नई ऊँचाइयों पर पहुँचा दिया है तो वे बड़े गर्व से कहते कि कलाम उनके शिष्य रह चुके हैं। कलाम के मदुरै पहुँचने की खबर सुनकर वे उनसे मिलने के लिए लालायित हो उठे; लेकिन साधनों के अभाव में वे मदुरै जाने की हालत में नहीं थे। उधर जहाँ अध्यापक अपने शिष्य से मिलने के लिए बेचैन थे, वहीं शिष्य भी अपने अध्यापक से मिलने के लिए उतावले थे। उन्होंने सोलोमन को जाननेवाले एक व्यक्ति को खोज निकाला। इसके बाद वे टैक्सी में उस व्यक्ति को अपने साथ लेकर सोलोमन के घर की ओर चल पड़े। कलाम को 40 वर्षों के बाद यकायक अपने सामने पाकर अयादुरै सोलोमन बेहद भावुक हो गए। वे वृद्धावस्था के कारण अशक्त होते हुए भी दौड़कर कलाम के पास पहुँचे और उनसे लिपट गए। उनकी आँखें नम थीं। इसके बाद कलाम ने उनके चरण छुए। कुछ देर उनके परिवार से बातें कीं और सोलोमन को अपने साथ लेकर

वे उसे समारोह स्थल पर ले आए। उस समारोह की अध्यक्षता तमिलनाडु के तत्कालीन राज्यपाल पी.सी. अलेक्जेंडर कर रहे थे। उन्होंने सोलोमन को सम्मान दिया और अपने बराबर मंच पर बैठाया। इसके बाद उन्होंने दीक्षांत समारोह में अपना वक्तव्य दिया। अपने भाषण के बाद उन्होंने अपने गुरु सोलोमन को झुककर प्रणाम किया। वे भाव-विभोर हो गए और गुरु के गले लगकर बोले, 'महान् स्वप्न द्रष्टाओं के सपने कहीं अधिक बड़े और श्रेष्ठ होते हैं।' कलाम की बात सुनकर सोलोमन मुसकराए और उनके सिर पर हाथ रखते हुए बोले, 'कलाम, तुम केवल मेरे लक्ष्यों तक ही नहीं पहुँचे हो, बल्कि उनसे भी कहीं आगे निकल गए हो। मुझे तुम पर गर्व है।' गुरु-शिष्य का यह अद्भुत मिलन देखकर वहाँ उपस्थित हर व्यक्ति की आँखें नम थीं।

□

विमानों ने किया आकर्षित

डॉ. ए.पी.जे. अब्दुल कलाम का 'मद्रास इंस्टीट्यूट ऑफ टेक्नोलॉजी' में अथक प्रयासों के बाद दाखिला हुआ था। उन्हें उसमें प्रवेश दिलाने के लिए उनकी बहन जोहरा ने अपने गहने गिरवी रखकर उनकी फीस भरी थी। जब उन्होंने इंस्टीट्यूट में पहली बार कदम रखा तो उनके मस्तिष्क में अपनी बहन का त्याग घूम रहा था। उन्होंने मन में संकल्प कर लिया था कि चाहे उन्हें कितनी भी मुश्किलों का सामना क्यों न करना पड़े, लेकिन वे अपने परिवार और बहन का नाम रोशन करेंगे। इंस्टीट्यूट का मुख्य द्वार पार करते ही उनकी निगाह परिसर में रखे दो बड़े-बड़े विमानों पर गई। उनके पंख दूर तक फैले हुए थे। कलाम विमानों को देखकर मंत्र मुग्ध-से वहीं खड़े हो गए। उन्हें ऐसा प्रतीत हुआ मानो दो विशाल पंखोंवाले पक्षी अपने पंख फैलाए जमीन पर उतरे हों और फिर से उड़ने को तैयार हों। इन विमानों ने कलाम को उन दिनों की याद करा दी, जब वे समुद्र के किनारे बैठे रहकर उड़ते हुए पक्षियों को देखते रहते थे। कलाम का मन इन विमानों में अटक गया। वे बहुत देर तक वहीं खड़े विमानों को एकटक देखते रहे। क्लास का समय हो रहा था, यह ध्यान आते ही वे अपनी कक्षा की ओर मुड़ गए। कक्षा समाप्त होने के बाद वे वापस विमानों के पास पहुँचे। अब परिसर लगभग खाली हो चुका था। विद्यार्थी परिसर से बाहर जा चुके थे। कलाम विमानों के पास बैठ गए और उन्हें नजदीक से देखते रहे। परिसर में रखे गए विमान वैमानिक इंजीनियरिंग के छात्रों को व्यावहारिक जानकारी प्रदान करने के लिए रखे गए थे। कलाम ने विमानों का बारीकी से निरीक्षण किया। वहाँ रखे विमानों को करीब से देखकर उनके मन में बचपन का खुले आसमान में उड़ने का स्वप्न जाग

उठा। अब उन्हें अपना वह स्वप्न साकार होता प्रतीत हो रहा था। उन्होंने मन में ठान लिया कि वे लगन व मेहनत से वैमानिक इंजीनियरिंग की पढ़ाई करेंगे और पायलट बनकर आसमान में हवाई जहाज उड़ाएँगे। विमानों के प्रति इस आकर्षण ने वैमानिक इंजीनियरिंग में उनकी रुचि बढ़ा दी। कलाम भविष्य में विमान तो नहीं उड़ा पाए, लेकिन उन्होंने रॉकेट और मिसाइलों का प्रक्षेपण कर पूरे विश्व को चकित कर दिया और दाँतों तले उँगली दबाने पर मजबूर कर दिया।

□

अद्भुत प्रतिभा से किया चकित

कलाम भारतीय वायुसेना में नहीं चुने जा सके थे। वायुसेना की परीक्षा में मिली असफलता ने उन्हें निराश अवश्य किया था, लेकिन उनकी उच्च आकांक्षाओं के ज्वार को कोई भी असफलता नहीं रोक पाई। वायुसेना के साथ ही उन्होंने रक्षा मंत्रालय के तकनीकी एवं उत्पादन निदेशालय में भी अपना आवेदन भरा था। वे वहाँ अपना परिणाम पता करने के लिए पहुँचे तो वहाँ पर उन्हें नियुक्ति-पत्र थमा दिया गया। उनकी नियुक्ति वैज्ञानिक सहायक के पद पर की गई थी। नियुक्ति-पत्र पाकर कलाम बहुत खुश हुए। उन्हें ऐसा प्रतीत हुआ मानो उन्होंने अपनी बहन के स्वप्न को सच कर दिया हो। संस्थान के निदेशक डी. नीलकंठन ने कलाम को अपने कार्यालय में बुलाया और परिचय के बाद उन्हें तकनीकी निदेशालय के ऑफिसर इंचार्ज आर. वरदराजन से मिलने के लिए कहा। आर. वरदराजन दक्षिण भारतीय वैज्ञानिक थे। उन्होंने कलाम से कहा कि उनकी नियुक्ति उड्डयन के तकनीकी केंद्र में काम करने के लिए की गई है। कुछ ही समय में कलाम की प्रतिभा धीरे-धीरे सबके सामने आती गई। कलाम की प्रतिभा देखकर उन्होंने उन्हें पराध्वनिक लक्ष्यभेदी विमान का डिजाइन तैयार करने का काम सौंप दिया। कलाम अपने काम में पूरी लगन से जुट गए। वे अपने सहयोगियों तथा मार्गदर्शकों के साथ पूरी लगन एवं एकाग्रता के साथ काम करते थे। उनकी सादगी एवं सीधे-सादे व्यवहार से कनिष्ठ एवं वरिष्ठ सभी वैज्ञानिक बहुत खुश थे। उन्होंने पराध्वनिक लक्ष्यभेदी विमान का डिजाइन मात्र एक वर्ष से भी कम समय में बनाकर वरदराजन के समक्ष प्रस्तुत कर दिया। श्री वरदराजन कलाम की प्रतिभा और कार्य क्षमता देखकर दंग रह गए। उन्हें लगने लगा कि कलाम जैसे

प्रतिभावान् एवं योग्य व्यक्ति के हाथों में देश के अनेक महत्त्वपूर्ण काम सौंपे जा सकते हैं। उन्होंने कलाम के आश्चर्यजनक कार्य की रिपोर्ट संस्थान के निदेशक श्री डी. नीलकंठन के सामने रखी तो उन्होंने कलाम से मिलने की इच्छा व्यक्त की। सूचना मिलने पर कलाम डी. नीलकंठन से मिले। डी. नीलकंठन ने उन्हें कम समय में बेहतरीन डिजाइन तैयार करने के लिए बधाई दी और अगले ही वर्ष उन्हें विमानों के रख-रखाव का प्रशिक्षण लेने के लिए कानपुर भेज दिया। इस प्रकार प्रारंभ से ही कलाम के वरिष्ठ अधिकारी उनकी योग्यता को पहचानते गए और उन्हें नए-नए एवं कठिन कार्य प्रदान करते रहे, जिन पर कलाम खरे उतरते गए।

□

हॉवर क्राफ्ट 'नंदी'

कलाम की प्रतिभा का परिचय रक्षा मंत्रालय के तकनीकी विकास एवं उत्पादन निदेशालय को कुछ ही समय में मिल गया था। उन्होंने वहाँ पर तीन वर्ष तक काम किया। इसी बीच बंगलौर में 'वैमानिकी विकास प्राधिकरण' की स्थापना हो चुकी थी। भारत सरकार ने उस संस्थान के कार्य को विकसित करने के उद्देश्य से वहाँ कलाम को भेजना उचित समझा। ज़ब कलाम बंगलौर पहुँचे तो वहाँ पर डॉ. ओ.पी. मेंदीरत्ता वैमानिकी विकास प्राधिकरण के निदेशक थे। कलाम को यह ज्ञात था कि डॉ. मेंदीरत्ता एक प्रतिभाशाली एवं धैर्यवान् वैज्ञानिक हैं। कलाम के पहुँचते ही डॉ. मेंदीरत्ता उनसे बोले, 'आपने दिल्ली में कई महत्त्वपूर्ण काम किए हैं। अब इस संस्थान के अनुसंधान कार्यों को सफल बनाने के लिए अपनी प्रतिभा का इस्तेमाल करो।' यह सुनकर कलाम ने प्रसन्नता से अपनी सहमति जताई। वह डॉ. मेंदीरत्ता के साथ मिलकर संस्थान के कामों की रूपरेखा तैयार करने लगे। डॉ. मेंदीरत्ता ने कलाम को स्वदेशी हॉवर क्राफ्ट (मँडरानेवाले वाहन) का मॉडल तैयार करने का काम सौंपा। इसे तैयार करने के लिए उन्हें तीन वर्ष का समय प्रदान किया गया। वैज्ञानिकों का एक दल इस परियोजना पर काम करने के लिए बनाया गया। कलाम को इसका नेतृत्व सौंपा गया। सभी लोग हॉवर क्राफ्ट की रूपरेखा के बारे में विचार-विमर्श करते रहे, मीटिंग होती रहीं; लेकिन अभी तक हॉवर क्राफ्ट का नमूना सामने नहीं आ सका। वैज्ञानिकों के दल में निराशा पनपती देख डॉ. मेंदीरत्ता ने कलाम को बुलाया और बोले, 'मुझे मालूम है कि अभी तक हॉवर क्राफ्ट की कोई स्पष्ट रूपरेखा तैयार नहीं हो पाई है; लेकिन मुझे विश्वास है कि आप शीघ्र ही इस रूपरेखा को तैयार करने में कामयाब हो जाएँगे।' डॉ. मेंदीरत्ता तो यह कहकर

चले गए, लेकिन कलाम के सामने एक चुनौती छोड़ गए। अब कलाम दिन-रात, सोते-जागते, उठते-बैठते हॉवर क्राफ्ट की योजना पर विचार करने लगे। उस समय कलाम के पास समुचित मशीनों और संसाधनों का अभाव था। जो थोड़े से उपकरण और कल-पुरजे वहाँ उपलब्ध थे, उन्होंने उन्हीं की सहायता से प्रयोग करना प्रारंभ कर दिया। कुछ लोग तो हॉवर क्राफ्ट के प्रति कलाम की दीवानगी देखकर उन्हें 'सनकी' तक कहने लगे। लेकिन कलाम पर अपने साथियों की बातों का कोई असर नहीं पड़ा। उन पर तो बस, एक धुन सवार थी कि किसी भी हालत में हॉवर क्राफ्ट का निर्माण करना है।

आखिर एक साल की कड़ी मेहनत के बाद उन्होंने हॉवर क्राफ्ट का मॉडल तैयार कर लिया। जब इसके नामकरण की बात आई तो कलाम को तुरंत रामेश्वरम में स्थित उस मंदिर की याद हो आई, जिसमें बचपन में वह अपने मित्रों के साथ जाते थे। उन्हें मंदिर में स्थित शिव भगवान् और उनके वाहन 'नंदी' की याद आई। बस, इसी तर्ज पर उन्होंने हॉवर क्राफ्ट का नाम 'नंदी' रख दिया। हॉवर क्राफ्ट देखकर डॉ. मेंदीरत्ता खुशी से उछल पड़े। उन्होंने कलाम को गले लगा लिया और बधाई देते हुए बोले, 'यह तो बस एक शुरुआत है, कलाम। मेरा मन कहता है कि तुम्हारे हाथों भारत में वैमानिकी उड़ान के क्षेत्र में अनेक कार्य संपन्न होंगे।' डॉ. मेंदीरत्ता की यह बात भविष्य में सत्य साबित हुई। कलाम ने इसके बाद अपने हाथों से भारत के अनेक विमानों का डिजाइन तैयार किया और इतिहास में वैमानिकी के क्षेत्र में भारत की उल्लेखनीय प्रगति करने में महत्त्वपूर्ण भूमिका निभाई।

□

'नंदी' ने भरी उड़ान

यह प्रसंग वर्ष 1961-62 का है। उन दिनों वी.के. कृष्णमेनन भारत के रक्षा मंत्री थे। उस समय भारतीय सेना के पास अच्छे हथियारों और विमानों की बेहद कमी थी। दुर्भाग्यवश उन्हीं दिनों भारत का चीन के साथ सीमा विवाद हो गया। इस विवाद के कारण दोनों देशों के बीच तनाव की स्थिति उत्पन्न हो गई। अचानक उसी समय वी.के. कृष्णमेनन हॉवर क्राफ्ट परियोजना के प्रमुख ए.पी.जे. अब्दुल कलाम के संपर्क में आए। कलाम ने उन्हें हॉवर क्राफ्ट के बारे में बताया तो मेनन ने इसमें बहुत रुचि दिखाई। उन्होंने कलाम को हॉवर क्राफ्ट तैयार करने में पूरा सहयोग दिया। एक दिन रक्षा मंत्री विमान से बंगलौर पहुँचे। वहाँ उन्होंने कलाम के निर्देशन में बने हॉवर क्राफ्ट 'नंदी' को देखकर उसमें उड़ान भरने की इच्छा व्यक्त की। मेनन की इस इच्छा को सुनकर कलाम का दिल बल्लियों उछलने लगा। सुरक्षा अधिकारियों को जब यह ज्ञात हुआ तो उन्होंने रक्षा मंत्री को उड़ान भरने से रोकना चाहा। लेकिन रक्षा मंत्री हॉवर क्राफ्ट के प्रति कलाम की मेहनत, जुनून और जज्बा देख चुके थे। वे चाहते थे कि 'नंदी' का श्रेय पूरी तरह से कलाम को प्राप्त हो और उन्हें उनकी मेहनत के सकारात्मक परिणाम मिलें। उन्होंने सुरक्षा अधिकारियों से कहा, 'आप चिंता न करें, मुझे कलाम पर पूरा भरोसा है। जब यह हॉवर क्राफ्ट बना सकते हैं तो इनकी उड़ाने की प्रतिभा पर भी संदेह नहीं किया जाना चाहिए।' यह सुनकर सुरक्षा अधिकारी निश्चिंत हो गए।

इसके बाद रक्षा मंत्री मेनन कलाम के साथ पायलट की सीट पर बैठे और उन्होंने 'नंदी' की उड़ान भरी। यह उड़ान बहुत नीची थी, लेकिन भारत के भविष्य के लिए बहुत ऊँची। अनेक बाधाओं के बाद हॉवर क्राफ्ट का निर्माण हो पाया था।

नंदी की उड़ान देखकर रक्षा मंत्री मेनन कलाम से बोले, 'आज मैं बहुत खुश हूँ, कलाम। मुझे तुम पर गर्व है। हॉवर क्राफ्ट के निर्माण में जो बुनियादी समस्याएँ थीं, उन्हें तुमने बड़ी सफलतापूर्वक दूर किया है। तुमने इन बुनियादी समस्याओं को दूर करके पूरे विश्व को यह बता दिया है कि भारतीय वैज्ञानिक अपने देश में सबकुछ बना सकते हैं। मैं तुम्हें शुभकामनाएँ देता हूँ। तुम आगे इससे भी अधिक क्षमतावाले वाहन तैयार करो और यदि संभव हो पाए तो अगली बार भी सवारी के लिए मुझे ही बुलाना।' इसके बाद रक्षा मंत्री कलाम के उज्ज्वल भविष्य की कामना करते हुए वहाँ से चले गए।

□

'नंदी' को किया अस्वीकार

वर्ष 1962 में भारत और चीन का युद्ध हुआ। उस दौरान किसी कारणवश तत्कालीन रक्षा मंत्री वी.के कृष्णमेनन को अपने पद से त्याग-पत्र देना पड़ा। श्री कृष्णमेनन कलाम और उनके हॉवर क्राफ्ट 'नंदी' को बहुत पसंद करते थे और उसके बारे में गंभीरता से फैसले लेने के बारे में सोच रहे थे। श्री कृष्णमेनन के रक्षा मंत्री के पद से हटते ही 'नंदी' का प्रस्ताव खटाई में पड़ गया और नए रक्षा मंत्री ने 'नंदी' को स्वदेशी हॉवर क्राफ्ट का दर्जा देकर भारतीय वायु सेना में शामिल करने से मना कर दिया। 'नंदी' को भारतीय वायु सेना में शामिल न किए जाने की घोषणा सुनकर कलाम बेहद दु:खी हो गए। एक पल को तो उन्हें ऐसा प्रतीत हुआ जैसे कि उनका जीवन ही समाप्त हो गया हो। लेकिन फिर उन्होंने किसी तरह स्वयं को सँभाला। अभी तक जीवन में मिली असफलताओं को लगातार मिल रही सफलताओं ने ढँक दिया था। लेकिन इस असफलता ने कलाम को एक बार फिर से निराश करने का प्रयास किया। कलाम 'नंदी' की अस्वीकृति सुनकर घोर विषाद में डूब गए। कई दिनों तक उन्होंने कुछ खाया-पिया नहीं। यहाँ तक कि वे घर से बाहर भी नहीं निकले। एक दिन जब उनकी आँख लगी हुई थी तो उन्होंने स्वप्न देखा कि उन्हें अभी पर्वत की बहुत सी ऊँचाइयों और बाधाओं को पार करते हुए शिखर पर पहुँचना है। इस स्वप्न से उनकी आँखें खुल गईं। वे उठकर बैठे। उन्होंने स्वयं को सँभाला और स्वयं से बोले, 'नहीं, कोई भी असफलता मेरे आगे के मार्ग में अवरोध उत्पन्न नहीं कर सकती। मुझे हर बाधा और अवरोध को हटाते हुए अपने देश को ऊँचाइयों पर लेकर जाना है और विश्व के सामने एक ऐसे भारत को रखना है, जो विमानों के मामले में भी आत्मनिर्भर हो।' इसके बाद उनकी हालत सँभलनी शुरू हो गई। उन्होंने नई दिशा में काम करने की ठान ली। □

रॉकेट इंजीनियर बने कलाम

कलाम 'नंदी' की असफलता को भुलाकर नए सिरे से काम करने में लगे हुए थे। अचानक एक दिन डॉ. मेंदीरत्ता कलाम से बोले, 'कल हमारे वर्कशॉप में एक विशेष मेहमान आनेवाले हैं। तुम अपने हॉवर क्राफ्ट को ठीक हालत में रखना। वे उसका निरीक्षण करना चाहते हैं।' यह सुनकर कलाम का जोश दोगुना हो गया। अगले दिन एक दाढ़ीवाले सज्जन वहाँ डॉ. मेंदीरत्ता के साथ वर्कशॉप में आए। कलाम ने उन्हें 'नंदी' की सवारी कराई। वह सज्जन वहाँ से अपना परिचय दिए बिना ही चले गए। कलाम के मन में उनके बारे में जानने की जिज्ञासा थी। लेकिन परिस्थितियाँ देखकर वे चुप रह गए। लगभग एक सप्ताह बाद कलाम को एक पत्र प्राप्त हुआ। वह एक कॉल लेटर था। उस पत्र में कलाम को इंटरव्यू के लिए मुंबई बुलाया गया था। कलाम ने जब पत्र भेजनेवाले का नाम पढ़ा तो दंग रह गए। वह पत्र उन्हें टाटा इंस्टीट्यूट ऑफ फंडामेंटल रिसर्च के निदेशक प्रो. एम.जी.के. मेनन ने भेजा था। कलाम पत्र पाकर इंटरव्यू देने के लिए मुंबई पहुँच गए। उनका इंटरव्यू लेनेवाली टीम में तीन वैज्ञानिक शामिल थे। वे तीन वैज्ञानिक डॉ. विक्रम साराभाई, प्रो. एम.जी.के. मेनन तथा परमाणु ऊर्जा आयोग के उपसचिव श्री सर्राफ थे। उनका इंटरव्यू मुख्य रूप से विक्रम साराभाई ने ही लिया। उन्होंने कलाम से उनके सपने और इरादों के बारे में जानना चाहा। इंटरव्यू पूरा होने के बाद कलाम वहाँ से लौट आए। अगले दिन शाम को श्री मेनन ने कलाम से फोन पर कहा, 'बधाई हो कलाम, अ़ब आप हमारे संस्थान के रॉकेट इंजीनियर हैं। मुझे विश्वास है कि आपके मार्गदर्शन में यह संस्थान रॉकेट की दुनिया में नया इतिहास रचेगा।' मेनन की बातें सुनकर कलाम दंग रह गए। दरअसल जो सज्जन

कलाम के हॉवर क्राफ्ट 'नंदी' को देखने आए थे, वह कोई और नहीं बल्कि टाटा इंस्टीट्यूट ऑफ फंडामेंटल रिसर्च के निदेशक प्रो. एम.जी.के. मेनन ही थे। इस प्रकार कलाम ने रॉकेट इंजीनियर के रूप में टाटा इंस्टीट्यूट ऑफ फंडामेंटल रिसर्च में प्रवेश किया। वे तुरंत अगली योजना पर काम करने में जुट गए। प्रो. एम.जी.के. मेनन ने कलाम को पूरा सहयोग दिया। रॉकेट इंजीनियर का पद सँभालने के बाद कलाम यह भी समझ गए कि हर असफलता नई सफलता का इतिहास लिखती है।

□

टीपू सुल्तान की पेंटिंग

यह प्रसंग उस समय का है, जब कलाम नासा के लैंगले रिसर्च सेंटर से गार्डेड स्पेस फ्लाइट पहुँचे। इस सेंटर से 'नासा' के सभी उपग्रहों का प्रबंधन होता है। कलाम ने इस सेंटर पर रहकर कुछ दिनों तक रॉकेट प्रक्षेपण संबंधी तकनीक की जानकारी प्राप्त की। इसके बाद वे वर्जीनिया के पूर्वी तटीय द्वीप वैलप पर बने 'वैलप फ्लाइट फैसिलिटी' नामक केंद्र पर चले गए। नासा के इस केंद्र पर रॉकेट संबंधी सभी कार्यक्रम तैयार किए जाते हैं। उस सेंटर के स्वागत कक्ष में एक पेंटिंग बनी हुई थी। एक दिन जब कलाम की नजर उस पेंटिंग पर गई तो उनके पैर ठिठक गए। वे उस पेंटिंग के करीब पहुँचे और उसे गौर से देखने लगे। ध्यानपूर्वक देखने पर उन्हें ज्ञात हुआ कि पेंटिंग की पृष्ठभूमि भारतीय थी। उस पेंटिंग में युद्ध का दृश्य दिखाया गया था। युद्ध में कुछ रॉकेट उड़ रहे थे। दो अश्वेत सैनिक रॉकेटों को उड़ा रहे थे। कई दिन तक कलाम उस पेंटिंग के पास आते और उसे ध्यान से देखते। अभी तक उन्हें उस पेंटिंग का अर्थ समझ नहीं आया था। एक दिन नासा के अधिकारी से वे बोले, 'क्या तुम इस पेंटिंग के बारे में कुछ बता सकते हो?' अधिकारी बोले, 'बिल्कुल बता सकता हूँ। यह पेंटिंग टीपू सुल्तान की है। इसमें टीपू सुल्तान के सैनिकों को रॉकेट से युद्ध करते हुए दिखाया गया है।'

अधिकारी की बात सुनकर कलाम दंग रह गए। टीपू सुल्तान की इस पेंटिंग को नासा में लगाने का क्या उद्‌देश्य है, यह प्रश्न उनके मन में बार-बार उमड़ता रहा। शाम को जब वे सेंटर से लौटे तो एकांत में उस पेंटिंग के बारे में ध्यानपूर्वक और एकाग्रता से सोचने लगे। आखिर वह उस पेंटिंग की तह तक जा पहुँचे। दरअसल लगभग सौ वर्ष पहले टीपू सुल्तान ने अंग्रेजों के साथ अंतिम युद्ध किया

था। उस युद्ध में टीपू सुल्तान मारा गया था। इस तरह मैसूर राज्य पर अंग्रेजों का अधिकार हो गया था। उस समय टीपू सुल्तान रॉकेट बनाने और उन्हें छोड़ने की कला में दक्ष था। उसकी सेना में अनेक ऐसे कारीगर थे, जिन्हें रॉकेट बनाना आता था। उसके पास रॉकेट प्रक्षेपण की तकनीक जाननेवाले इंजीनियर थे। टीपू सुल्तान विश्व का पहला ऐसा शासक था, जिसे रॉकेट प्रक्षेपण की प्रणाली का ज्ञान था। कहते हैं कि रॉकेट प्रक्षेपण विज्ञान का पहला आविष्कारक मैसूर में ही पैदा हुआ था। टीपू सुल्तान की असामयिक मृत्यु के बाद अंग्रेज इस कला को अमेरिका तथा यूरोप के देशों में ले गए। इस तरह रॉकेट की यह कला भारत में उभरने से पहले ही मिट गई। वर्ष 1799 में टीपू सुल्तान की मृत्यु हुई थी। उस समय अंग्रेजों की सेना ने टीपू सुल्तान की सेना से 700 से अधिक रॉकेट बरामद कर अपने कब्जे में किए थे तथा 900 रॉकेटों की उप-प्रणालियाँ पकड़ी थीं। टीपू सुल्तान की सेना में 27 ब्रिगेड थीं। हर ब्रिगेड में एक रॉकेट कंपनी थी। यह ब्रिगेड एक अंग्रेज अपने साथ इंग्लैंड ले गया। इस प्रकार टीपू सुल्तान की मृत्यु से भारतीय रॉकेट तकनीक भी उनके साथ ही समाप्त हो गई। कई वर्षों तक रॉकेट के बारे में किसी को ध्यान ही नहीं आया। इसके बाद वर्ष 1903 में रूस में रॉकेट बनाने की तकनीक ने जन्म लिया। धीरे-धीरे विश्व के अनेक देश रूस की इस तकनीक से प्रेरित होते रहे और रॉकेटों का निर्माण करते रहे। कलाम अमेरिका में छह माह तक रहे। इस दौरान उन्होंने रॉकेट से संबंधित अनेक जानकारियों से अपना ज्ञान का पिटारा भर लिया था। इसके बाद उन्होंने भारतीय रॉकेट विज्ञान को अपने ही देश में डेढ़ सौ सालों के बाद फिर से पुनर्जीवित करने का निर्णय लिया। टीपू सुल्तान की पेंटिंग ने उनके अंदर अदम्य ऊर्जा का संचार कर दिया था।

□

ग्रुप कैप्टन की चुस्ती

यह घटना उस समय की है, जब कलाम प्रो. विक्रम साराभाई से मिलने के लिए गए हुए थे। जब वे उनसे मिलने पहुँचे तो उन्हें प्रतीक्षा करने के लिए कहा गया। कलाम बाहर बैठकर प्रतीक्षा करने लगे। वे इधर-उधर देखने लगे, तभी उन्हें वहाँ पर व्यावसायिक प्रबंधन की एक पुस्तक नजर आई। समय बिताने के लिए वह उस पुस्तक को पढ़ने लगे। कुछ ही देर बाद एक आकर्षक व्यक्तित्ववाला व्यक्ति वहाँ पर आया। वह वहीं कलाम के साथ सोफे पर बैठ गया। कलाम उसके आकर्षक व्यक्तित्व की ओर देखते रह गए। अब वे दोनों एक साथ प्रो. साराभाई से मिलने की प्रतीक्षा करने लगे। तभी उन्हें सूचना प्राप्त हुई कि दोनों को एक साथ प्रोफेसर साराभाई ने अपने कक्ष में बुलाया है। दोनों प्रो. साराभाई के कक्ष में पहुँचे और वहाँ पर उनका अभिवादन किया। प्रो. साराभाई ने दोनों को बैठने के लिए कहा। कुछ देर बाद उन्होंने दोनों का परिचय एक-दूसरे से कराया तो कलाम को पता चला कि वे सज्जन भारतीय सेना में ग्रुप कैप्टन थे। ग्रुप कैप्टन वी.एस. नारायणन से मिलकर कलाम बेहद प्रसन्न हुए। वे तो उनके व्यक्तित्व से बिना परिचय के ही प्रभावित हो गए थे। इसके बाद शीघ्र ही दोनों की वह मुलाकात गहरी आत्मीयता में परिवर्तित हो गई। कलाम और ग्रुप कैप्टन वी.एस. नारायणन एक-दूसरे के मित्र बन गए। कलाम जब भी ग्रुप कैप्टन के साथ होते तो उनकी चुस्ती-फुरती और जोश देखकर दंग रह जाते। एक दिन वे उनसे बोले, 'ग्रुप कैप्टन साहब, आपकी चुस्ती-फुरती का भी जवाब नहीं। जिस जोश के साथ आप कार्य करते हैं, वह वाकई काबिले-तारीफ है।'

कलाम की बात सुनकर ग्रुप कैप्टन मुसकरा दिए और बोले, 'कलाम साहब,

सच कहूँ तो मैं आपकी सादगी और कार्य के प्रति दीवानगी का कायल हूँ। यदि कुछ लोग भी आपके जैसे हों तो इस देश को प्रगति के पथ पर प्रशस्त होने से कोई नहीं रोक सकता।'

यह सुनकर कलाम भी मुसकरा दिए।

□

गुरु ने दिया सम्मान

यह प्रसंग उस समय का है, जब कलाम मद्रास इंस्टीट्यूट ऑफ टेक्नोलॉजी (एम.आई.टी.) से वैमानिकी (एयरोनॉटिकल) इंजीनियरिंग की पढ़ाई कर रहे थे। उनकी कार्य-निष्ठा, एकाग्रता एवं मेहनत देखकर सभी शिक्षक उनकी बहुत सराहना करते थे। जब कलाम वैमानिकी इंजीनियरिंग की पढ़ाई पूरी कर चुके तो उन्हें डिग्री प्रदान की गई। एक विदाई समारोह में सभी उत्तीर्ण छात्रों की भावुक विदाई का कार्यक्रम रखा गया। जब सभी कार्यक्रम समाप्त हो गए और भोज भी संपन्न हो गया तो उत्तीर्ण छात्रों का प्रोफेसरों के साथ एक यादगार फोटो लेने का सुझाव हुआ। सभी छात्र पंक्ति में खड़े हो गए। शिक्षक आगे कुरसियों पर बैठ गए। स्नातक उत्तीर्ण सभी छात्र तीन पंक्तियों में खड़े हुए थे। प्रो. स्पांडर अन्य प्रोफेसरों के साथ आगे की पंक्तियों में बैठे हुए थे। तभी उन्होंने नजर उठाकर पीछे की ओर देखा। जैसे ही उनकी नजर कलाम पर गई, वह कुछ सोचने लगे। इसके बाद उन्होंने संकेत से कलाम को अपने पास बुलाया। कलाम पंक्ति से निकलकर प्रो. स्पांडर के पास आए और बोले, 'जी सर, कहिए।'

प्रो. स्पांडर मुसकराकर बोले, 'कलाम, आज तुम आगे की पंक्ति में मेरे साथ बैठो।' प्रो. स्पांडर का यह प्रस्ताव सुनकर कलाम झिझक गए। उनकी नजर पंक्तियों में खड़े अपने सहपाठियों की ओर गई। वे बोले, 'सर, मैं आपके साथ…कैसे…।' कलाम की बातों को काटते हुए प्रो. स्पांडर बोले, 'कलाम, तुम मेरे सबसे प्रिय छात्र हो। तुम्हारी कड़ी मेहनत ही भविष्य में तुम्हारे शिक्षकों का नाम रोशन करेगी। आज तुम यहाँ बैठने के हकदार हो गए हो। इसके बाद तुम्हारे हाथों में बहुत सारी जिम्मेदारियाँ होंगी। हम सभी को तुमसे बहुत सी आशाएँ हैं।'

अपनी प्रशंसा सुनकर कलाम उस समय शरमा गए। उनके मुख को लाल होते देखकर प्रो. स्पांडर उनकी पीठ पर हाथ रखते हुए बोले, 'आओ कलाम, मेरे साथ बैठो।' प्रो. स्पांडर का दोबारा प्रस्ताव सुनकर कलाम उनके साथ आगे प्रोफेसरों की पंक्ति में बैठ गए। इस तरह स्नातक पास छात्रों की एक यादगार फोटो ली गई। फोटो खिंचने के बाद प्रो. स्पांडर कलाम को आशीर्वाद देते हुए बोले, 'ईश्वर तुम्हारी उम्मीदें पूरी करे, तुम्हें सहारा दे, तुम्हें रास्ता दिखाए और भविष्य की यात्रा में तुम्हारा पथ-प्रदर्शक बने।'

गुरु के द्वारा इतना अधिक सम्मान पाकर कलाम अभिभूत व भावुक हो गए। उन्होंने उसी क्षण संकल्प किया कि वे अपने गुरु की बातों पर खरा उतरने का सार्थक प्रयास करेंगे।

□

नए विचारों की उड़ान

कलाम ने मद्रास इंस्टीट्यूट ऑफ टेक्नोलॉजी (एम.आई.टी.) से वैमानिकी (एयरोनॉटिकल) इंजीनियरिंग की पढ़ाई करने के बाद गंभीरता से रोजगार-प्राप्ति की ओर अपना ध्यान लगा दिया। बचपन से ही उनकी आसमान में उड़ान भरने की तमन्ना थी। अपनी इच्छा को पूरी करने के लिए उन्होंने वायुसेना में आवेदन दिया। इसके साथ ही उन्होंने रक्षा मंत्रालय के तकनीकी एवं उत्पादन निदेशालय में भी अपना आवेदन भरा था। दुर्भाग्यवश वायुसेना में वे नौवें स्थान पर रहे। पहले आठ उम्मीदवारों को चुन लिया गया था। इस असफलता से कलाम बेहद आहत हुए। वे तकनीकी एवं उत्पादन निदेशालय में अपना परिणाम जानने के लिए गए तो वहाँ पर उन्हें नियुक्ति-पत्र थमा दिया गया। उनकी नियुक्ति वरिष्ठ वैज्ञानिक सहायक के पद पर की गई थी। इस नियुक्ति ने उन्हें बेहद खुशियाँ दीं। उन्होंने मन लगाकर अपना काम करना प्रारंभ कर दिया। कलाम छोटे शहर से बड़े शहर में आए थे। यहाँ पर सूट-बूट में सुसज्जित नवयुवकों को देखकर उन्हें इस बात का अहसास होता था कि उन्हें अपनी जड़ें जमाने के लिए यहाँ बहुत मेहनत करनी होगी। वे अकसर स्वयं से बात करते कि 'मेरे जैसे ग्रामीण, छोटे कस्बेवाले, मध्यम वर्गीय—जिसके माता-पिता की थोड़ी ही शिक्षा हुई हो, पृष्ठभूमिवाले को कहीं किनारे तो नहीं कर दिया जाएगा और मुझे अपना अस्तित्व बचाने के लिए तब तक संघर्ष करना पड़ेगा, जब तक कि उचित परिस्थितियाँ पैदा न हों। मुझे अपने अवसर खुद ही तैयार करने होंगे।' यह सोचकर वे आगे बढ़ने के लिए दृढ संकल्प हो जाते। एक परियोजना में उन्हें महत्त्वपूर्ण भूमिका सौंपी गई। इस परियोजना के माध्यम से स्वयं की प्रतिभा को दिखाने का उनके पास स्वर्णिम अवसर था।

उन्होंने इस अवसर को हाथ में लिया और काम करना प्रारंभ कर दिया। हिस्सा-दर-हिस्सा, चरण-दर-चरण तथा सुनियोजित तरीके से परियोजना पर काम होने लगा। इस दौरान कलाम के मन में अनेक नए विचार आए, जिससे विमानों के डिजाइन को अधिक आकर्षक बनाया जा सकता था। वे तुरंत अपने नए विचारों को परियोजना के प्रबंधकों को बताते। उनके नए विचार बहुत पसंद किए जाते। इस तरह कलाम के मन में परियोजना से जुड़ने के बाद अनेक नए विचार उठने लगे। उनके विचारों को उड़ान मिलने लगी और देश को मिली कलाम के माध्यम से विमानों की नई तकनीक, जिसने देश को ऊँचाइयाँ प्रदान कीं।

□

प्रार्थना की शक्ति

कलाम की प्रतिभा धीरे-धीरे पूरे विश्व के सामने उजागर होती जा रही थी। उन्हें रॉकेट प्रक्षेपण की तकनीकियों का प्रशिक्षण प्राप्त करने के लिए अमेरिका में नेशनल एयरोनॉटिक्स एंड स्पेस एडमिनिस्ट्रेशन अर्थात् 'नासा' में भेज दिया गया। प्रशिक्षण अवधि छह माह थी। विदेश जाने की खबर से वे बेहद खुश थे। वे अपनी इस खुशी में अपनों को शामिल करना चाहते थे। इसलिए विदेश जाने से पहले वे पिता से मिलने रामेश्वरम जा पहुँचे। कलाम को देखकर पिता ने गले लगा लिया। दोनों ही भावुक हो गए। पिता जैनुलाबद्दीन कलाम को विशेष नमाज के लिए मसजिद ले गए। कलाम को उस समय ईश्वर की उस शक्ति के संचरण का एहसास हुआ, जो पिताजी के माध्यम से उन्हें महसूस हो रही थी। कलाम प्रार्थना के महत्त्व को समझते थे। प्रार्थना उनके अंदर एक शक्ति जाग्रत् करती थी। उनका मानना था कि प्रार्थना मनुष्य के अंदर नए-नए विचार उत्पन्न करती है। ये विचार सचेतावस्था में मौजूद रहते हैं और जब ये विचार व्यक्ति के अंतर्मन से निकलते हैं तो वास्तविकता का जन्म होता है। कलाम बचपन से ही प्रार्थना में विश्वास रखते थे। उन्होंने प्रार्थना के संदर्भ में डेल कारनेगी के विचार पढ़े थे, जिसमें उन्होंने लिखा है कि प्रार्थना के माध्यम से कैसे हर परिस्थिति को काबू किया जा सकता है। प्रार्थना रेडियम की तरह चमकदार, अपने आप उत्पन्न होनेवाली ऊर्जा है। प्रार्थना में इनसान समस्त ऊर्जा के अनंत स्रोत में आकर अपनी सीमित ऊर्जा को बढ़ा सकता है। दिल से प्रार्थना करने पर व्यक्ति अपने शरीर और आत्मा दोनों को बेहतर बना लेता है। प्रार्थना एक प्रैक्टिकल चीज है। यह तीन बहुत ही मूलभूत मनोवैज्ञानिक जरूरतों को पूरा करती है—पहली, प्रार्थना समस्या

को शब्दों में स्पष्ट करने में मदद करती है; दूसरा, यह हमें अहसास दिलाती है कि हम अकेले नहीं हैं, कोई है, जो हमारी परेशानी और बोझ को उठाने में हमारी मदद कर रहा है और तीसरी व महत्त्वपूर्ण कि प्रार्थना कर्म के सिद्धांत को कार्यरूप में ले आती है। इन बातों को कलाम हमेशा अपने हृदय में रखते थे और अकसर विद्यार्थियों को पढ़ाते समय इस बात का जिक्र करते थे कि किस तरह सच्चे मन से की गई प्रार्थना स्वत: ही समस्याओं को सुलझा देती है।

□

छोटे लोगों का अस्तित्व

कलाम बेहद प्रसिद्ध हो गए थे। अत्यंत यश व सम्मान पाने के बावजूद वे बेहद सरल प्रवृत्ति के थे। लेकिन अकसर वे इस बात को देखते थे कि लोग उच्च पद पर आसीन होने के बाद छोटे पद के लोगों को हेय दृष्टि से देखते हैं। एक बार वे किसी विमान के बारे में चर्चा कर रहे थे। उसी समय एक छोटे पद के व्यक्ति भी वहाँ उपस्थित थे। सारी बातें जानने के बाद उन्होंने भी विमान के बारे में अपनी राय देनी चाही। जैसे ही वे कुछ बोले, वैसे ही एक उच्च पद अधिकारी बोले, 'तुम क्या राय दोगे ? अपने काम से मतलब रखो। इस परियोजना में हमें तुम्हारी राय की आवश्यकता नहीं है।' यह सुनकर छोटे पद का व्यक्ति सिर झुकाकर वहाँ से चला गया।

कलाम भी उस समय वहाँ उपस्थित थे। उन्हें उस अधिकारी का यह व्यवहार जरा भी पसंद नहीं आया। वे बोले, 'सर, मुझे क्षमा करें। लेकिन हर व्यक्ति को अपनी बात रखने का हक है। केवल पद छोटा होने से यह नहीं होता कि उसके दिमाग में कोई महत्त्वपूर्ण या नया विचार नहीं आ सकता।'

इस पर अधिकारी बोले, 'अरे, ऐसे लोगों को मामलों में टाँग अड़ाने की आदत होती है। आता-जाता कुछ है नहीं।'

कलाम बोले, 'जब तुमने उसकी बात ही नहीं सुनी तो कैसे कह सकते हो कि उसे कुछ आता-जाता नहीं है। दरअसल हमारे भारतीय संस्थानों में जो चीजें सबसे ज्यादा मुश्किलें पैदा करती हैं, वह चारों ओर व्यापक रूप से लोगों में व्याप्त अहंकार ही है। इसके रहते हम अपने से छोटों, अपने अधीनस्थों की बात नहीं सुनते। अगर आप किसी को अपमानित करते हैं तो उससे किसी नतीजे की आशा

नहीं कर सकते। अगर आप उसे तिरस्कृत करेंगे या उसकी उपेक्षा करेंगे तो आप उससे किसी सृजनात्मकता की उम्मीद नहीं कर सकते।'

कलाम की बात सुनकर अधिकारी चुप हो गए। इसके बाद कलाम फिर बोले, 'दुर्भाग्यवश आज हमारे देश में सिर्फ 'हीरो' और 'जीरो' हैं, जिनके बीच एक बड़ी विकट विभाजन रेखा है। एक तरफ कुछ सौ हीरो हैं और दूसरी तरफ 95 करोड़ लोग नीचे की तरफ धकेले हुए पड़े हैं। इस स्थिति को बदलना जरूरी है और यह स्थिति तभी बदल पाएगी जब उच्च पद पर आसीन व्यक्ति स्वयं को श्रेष्ठ और अपने अधीनस्थ को निम्न मानने की भूल न करे।'

यह सुनकर अधिकारी बेहद लज्जित हो गए। उन्हें अपनी गलती का अहसास हो गया। इसके बाद उन्होंने कभी अपने अधीनस्थ कर्मचारी या अधिकारी को छोटा समझने की भूल नहीं की।

□

रुचिकर कार्य को चुनें

कलाम को पुस्तकें पढ़ने का बेहद शौक था। वे पुस्तकें पढ़ते, उनमें से ज्ञान की सारगर्भित बातों को अपने दिमाग में उतारते। उन्हें बच्चों को पढ़ाने का, उनमें नवीन भावनाएँ जगाने का बहुत शौक था। एक बार वे बच्चों के बीच में पहुँच गए। बच्चे कलाम को देखकर खुशी से झूमने लगे। कुछ देर तक कलाम बच्चों के साथ हँसी-मजाक की बातें करते रहे। उसके बाद गंभीर बातों पर चर्चा चल पड़ी। एक बच्ची बोली, 'सर, मैं बड़ी होकर लेखिका बनना चाहती हूँ। लेकिन मेरे माता-पिता चाहते हैं कि मैं एक डॉक्टर बनूँ। मैं अपने माता-पिता को निराश नहीं करना चाहती; लेकिन मैं लेखिका भी बनना चाहती हूँ। आप ही बताइए, मैं क्या करूँ?' बच्ची के इतना बोलते ही एक बालक बोला, 'सर, इसी तरह मैं भी बड़ा होकर गायक बनना चाहता हूँ; लेकिन मुझे नहीं लगता कि मेरे माता-पिता गायक बनने में मेरी सहायता करेंगे।' फिर तो इस तरह के सवालों की बाढ़-सी आ गई। सभी बच्चे अपने बारे में बताने लगे। कुछ बच्चों ने यह भी कहा कि उनके माता-पिता उनके साथ हैं और उन्होंने उन्हें कहा हुआ है कि जिसमें उनकी रुचि है, वे वही काम करें। इन बातों को सुनकर कलाम बोले, 'तुम्हारे माता-पिता बिल्कुल सही कहते हैं। व्यक्ति को अपनी रुचि के अनुसार ही कार्य और लक्ष्य को चुनना चाहिए। जो लोग किसी काम को दिल लगाकर नहीं करते, बल्कि बेमन से करते हैं, उन्हें फिर आधी-अधूरी सफलता ही मिलती है और इससे उनमें अप्रसन्नता घर करने लगती है। अगर आप एक ऐसे डॉक्टर हैं, जो वकील बनना चाहता है तो फिर आपका इलाज मरीजों को ठीक तो करेगा, लेकिन उनके अंतर्मन को ठीक नहीं कर पाएगा। अगर आप ऐसे शिक्षक हैं, जो

शिक्षक कम और व्यवसायी ज्यादा है तो आप विद्यार्थियों की आधी जरूरत ही पूरी कर पाएँगे। यदि आप ऐसे वैज्ञानिक हैं, जिसे विज्ञान से लगाव नहीं है तो ऐसी सूरत में आप संतोषजनक काम तो कर लेंगे, लेकिन आपका मिशन पूरा नहीं हो सकेगा। आपका मिशन तभी पूरा होगा, जब आप रुचिकर कार्यों को अपने हाथ में लेंगे और तन-मन से उन्हें पूरा करने में जुट जाएँगे। जब आप अपने रुचिकर कार्यों में सफलता पाएँगे तो आपके माता-पिता भी आपका साथ निभाएँगे और आपके लक्ष्य को पूरा करने में आपकी मदद अवश्य करेंगे।'

कलाम की ये बातें सुनकर सभी बच्चे एक साथ बोले, 'सर, फिर तो हम आपसे वादा करते हैं कि हम अपने रुचिकर कामों में मन लगाकर काम करेंगे और आपकी तरह सफल होकर दिखाएँगे।'

बच्चों की बातें सुनकर कलाम के चेहरे पर मुसकराहट बिखर गई।

□

राजा रामन्ना से मुलाकात

डॉ. रामन्ना भारत के प्रसिद्ध परमाणु वैज्ञानिक थे। वे उन दिनों रक्षा मंत्री के सलाहकार थे। प्रो. रामन्ना के बारे में डॉ. कलाम ने बहुत सुना हुआ था, लेकिन उनसे मिलना नहीं हो पाया था। डॉ. कलाम प्रो. रामन्ना का विक्रम साराभाई की भाँति ही आदर करते थे। डॉ. कलाम बेसब्री से प्रो. रामन्ना से मिलने का इंतजार कर रहे थे। आखिर उनकी तमन्ना पूरी हुई। एक दिन देहरादून स्थित हाई एल्टीट्यूड लैबोरेटरी में प्रयोगशाला के इंचार्ज डॉ. भागीरथ राव ने उन्हें एस.एल.वी.-3 पर व्याख्यान के लिए आमंत्रित किया। संयोगवश डॉ. रामन्ना उस समारोह के अध्यक्ष थे। प्रो. रामन्ना ने डॉ. कलाम को बधाई देते हुए कहा, 'तुम डॉ. विक्रम साराभाई के प्रिय शिष्य हो। तुमसे मिलकर मैं विश्वास के साथ कह सकता हूँ कि डॉ. साराभाई की परख का जवाब नहीं है।'

शाम को उन्हें संदेश मिला कि प्रो. रामन्ना ने उन्हें चाय पर बुलाया है। डॉ. कलाम डॉ. रामन्ना द्वारा यह सम्मान पाकर अभिभूत हो उठे। वे उनके निवास पर जा पहुँचे। प्रो. रामन्ना ने बड़ी गरमजोशी से उनका स्वागत किया। दोनों वैज्ञानिक आमने-सामने बैठ गए। चाय के दौरान सामान्य वार्त्तालाप चलता रहा। इसके बाद प्रो. रामन्ना रक्षा विभाग के डी.आर.डी.एल. में चल रही मिसाइल परियोजना के बारे में बात करने लगे। दरअसल वे उस परियोजना की धीमी गति से बेहद चिंतित थे। उन्होंने डॉ. कलाम के अंदर छिपी मिसाइलमैन की प्रतिभा को परख लिया था। वे कलाम से बोले, 'कलाम, एक बात मुझे साफ-साफ बताओ कि क्या तुम मिसाइल कार्यक्रम की जिम्मेदारी अपने कंधों पर लेना पसंद करोगे?'

यह सुनकर कलाम चौंक गए और हैरानी से प्रो. रामन्ना की ओर देखने

लगे। उन्हें ऐसा प्रतीत हुआ मानो प्रो. रामन्ना उनसे पूछ नहीं रहे हैं, बल्कि आग्रह कर रहे हैं। एक ऐसा आग्रह, जो टालने लायक नहीं है। डॉ. कलाम ने 'हाँ' कह दी। जब वे कलाम को विदा करने के लिए आए तो बोले, 'डॉ. कलाम, तुम नहीं जानते कि आज तुमने मेरे दिल का बोझ कितना हल्का कर दिया है।' यह सुनकर डॉ. कलाम मुसकरा दिए। दरअसल डॉ. कलाम के मन में यह द्वंद्व चल रहा था कि वे इस खबर को 'इसरो' में कैसे देंगे। वे उस समय इसरो में काम कर रहे थे और इसरो को छोड़ना उनके लिए आसान नहीं था। परंतु जब प्रो. सतीश धवन को प्रो. रामन्ना की परियोजना के विषय में चिंताजनक स्थिति के बारे में पता चला तो उन्होंने खुशी-खुशी डॉ. कलाम को इसरो छोड़ने की अनुमति दे दी। इस तरह डॉ. कलाम प्रगति के एक और कदम की ओर बढ़ गए।

□

डॉक्टर ऑफ साइंस

डॉ. रामन्ना के अनुरोध पर कलाम ने इसरो छोड़कर डी.आर.डी.एल. में प्रवेश किया। वे उस समय वहाँ पर चल रही पाँच परियोजनाओं के साथ जी-जान से जुट गए। उनके संघर्ष, योग्यता और कड़े परिश्रम को देखते हुए अन्ना मलाई विश्वविद्यालय, मद्रास ने उन्हें 'डॉक्टर ऑफ साइंस' की मानद उपाधि प्रदान करने के लिए मद्रास आमंत्रित किया। यह वही शहर था, जहाँ एम.आई.टी. से लगभग 20 वर्ष पहले कलाम ने 'एयरोनॉटिकल इंजीनियरिंग' की डिग्री प्राप्त की थी। समारोह की अध्यक्षता प्रो. रामन्ना करनेवाले थे। यह खबर सुनकर कलाम खुशी से झूम उठे। विश्वविद्यालय के दीक्षांत समारोह में कलाम ने इंजीनियरों के राष्ट्र के प्रति दायित्व पर शानदार भाषण दिया। फिर वह घड़ी आई, जिसकी सबको बेसब्री से प्रतीक्षा थी। जब प्रो. रामन्ना ने कलाम को पहली बार 'डॉ. ए.पी.जे. अब्दुल कलाम' कहकर पुकारा तो कलाम बेहद भावुक हो गए और उनकी आँखें नम हो गईं। प्रो. रामन्ना ने उन्हें 'डॉक्टर ऑफ साइंस' की उपाधि प्रदान की। समारोह के बाद प्रो. रामन्ना डॉ. कलाम से बोले, 'मैं अब रक्षा मंत्री श्री आर. वेंकटरमन का सलाहकार नहीं हूँ; परंतु मुझे बड़ी खुशी है कि तुमने मेरे मन की इच्छा पूरी कर दी। मेरी तुम्हारे साथ काम करने की बड़ी तमन्ना थी। वह तो पूरी न हो सकी, लेकिन मेरी सारी शुभकामनाएँ, मेरे सारे आशीर्वाद तुम्हारे साथ हैं। मुझे पूरा विश्वास है कि तुम्हारे हाथों डी.आर.डी.एल. की सारी योजनाएँ पूरी होंगी। भारत को सुरक्षा के मामले में आत्मनिर्भर बनाने का श्रेय तुम्हें अवश्य मिलेगा; क्योंकि तुमने वास्तव में देश को आत्मनिर्भर बनाने में महत्त्वपूर्ण भूमिका निभाई है।' डॉ. कलाम प्रो. रामन्ना की बातों से बेहद प्रभावित हुए। वे

बोले, 'सर, मैं आपकी बातों को सही साबित करने का प्रयास करूँगा और मन से काम करूँगा।'

प्रो. रामन्ना बोले, 'तुम जल्दी ही विश्व के सामने एक सर्वश्रेष्ठ वैज्ञानिक के रूप में जाने जाओगे।'

प्रो. रामन्ना की यह बात भविष्य में सत्य साबित हुई। आज डॉ. ए.पी.जे. अब्दुल कलाम को पूरा विश्व एक गहान् वैज्ञानिक के रूप में जानता है।

□

विभिन्न मिसाइलों का विकास

डी. आर.डी.एल. में डॉ. कलाम की नियुक्ति के बाद से ही उनकी उपस्थिति ने वहाँ सबको प्रभावित कर दिया था। उनकी योग्यता को देखते हुए डॉ. अरुणाचलम ने 1 जून, 1982 को डॉ. ए.पी.जे. अब्दुल कलाम को डी.आर.डी.एल. का निदेशक नियुक्त कर दिया था। डॉ. कलाम के निदेशक बनने के बाद उन पर महत्त्वपूर्ण कार्यों का दायित्व था, जिन्हें उन्हें जिम्मेदारी से सफलतापूर्वक अंजाम देना था। उन्होंने विभिन्न परियोजनाओं से जुड़े इंजीनियरों एवं वैज्ञानिकों को बुलाया। उन सबसे मुलाकात की और उन्हें आश्वासन दिया कि उनके कार्य को पहचान अवश्य मिलेगी। वैज्ञानिकों एवं इंजीनियरों ने जब इस बात को देखा कि निदेशक स्वयं उनके साथ काम में हाथ बँटाने को तैयार हैं तो उन सबका उत्साह चरम सीमा पर पहुँच गए और वे जी-जान से परियोजनाओं को सफल बनाने में लग गए। डॉ. अरुणाचलम डॉ. कलाम पर पूरी तरह विश्वास करते थे। वे उन्हें स्वतंत्र रूप से कार्य करने के लिए प्रशासनिक गतिरोधों को तोड़ने से भी नहीं हिचकते थे। वे रक्षामंत्री से सीधे बात करके हर व्यवधान को दूर कर देते थे और उन्हें आवश्यक सामग्री भी प्रदान करते थे। डॉ. कलाम के संयोजन और डॉ. अरुणाचलम के सहयोग से डी.आर.डी.एल. की परियोजनाओं में तेजी आ गई। इसके बाद परियोजनाओं का कार्य तीव्र गति से चल पड़ा। परियोजना से जुड़े वैज्ञानिक एवं इंजीनियर तन-मन से अपने काम के प्रति समर्पित हो गए। फिर तो विकास की गति इतनी तीव्र गति से हुई कि वर्ष 1990 तक डॉ. कलाम के नेतृत्व में उनके सहयोगी वैज्ञानिकों ने 'पृथ्वी', 'अग्नि', 'त्रिशूल', 'नाग' और 'आकाश' नामक मिसाइलों का विकास करके भारत को सुरक्षा के मामले में आत्मनिर्भर

बना दिया। पूरा विश्व भी भारत की इन मिसाइलों के विकास को देखकर चौंक गया। अपने कार्य के प्रति पूर्ण समर्पण भाव से कलाम ने फॉन-ब्रॉन के मत को मानकर सुरक्षा के मामले में स्वयं आत्मनिर्भर बनने का दृष्टिकोण अपनाया और उसमें सफलता भी प्राप्त की।

□

हल्के कैलिपर का आविष्कार

डॉ. कलाम बेहद कुशाग्र बुद्धि थे। उन्होंने अपने मस्तिष्क से अद्‌भुत आविष्कार किए थे। उन्होंने एक बहुत हल्के पदार्थ कार्बन-कार्बन का आविष्कार किया। एक दिन निजाम इंस्टीट्यूट ऑफ मेडिकल साइंसेज के विकलांगता चिकित्सक उनके पास आए। पहले तो उनमें सामान्य वार्त्तालाप चलता रहा। कुछ देर बाद चिकित्सक बोले, 'सर, पोलियो एक बहुत बुरी बीमारी है। इस पर पूरी तरह से नियंत्रण होना चाहिए। पोलियोग्रस्त व्यक्ति के पैर इतने बेकार हो जाते हैं कि वे न चल-फिर सकते हैं, न ही सीधे खड़े हो सकते हैं।' उनकी बात सुनकर कलाम ने एक गहरा निःश्वास लिया। इसके बाद चिकित्सक बोले, 'भारतीय चिकित्सा जगत् में आए दिन नवीन खोजें हो रही हैं। भयंकर बीमारियों के इलाज ढूँढ़े जा रहे हैं, परंतु अभी तक वैज्ञानिक ऐसी धातु नहीं खोज पाए हैं, जिससे पोलियो के रोगियों के लिए हल्के कैलिपर बनाए जा सकें। अभी जिस धातु के माध्यम से कैलिपर बनाए जाते हैं, वे इतने भारी होते हैं कि उन्हें उठाने में ही तकलीफ हो जाती है।' कलाम भी चिकित्सक की बात सुनकर चिंताग्रस्त हो गए। तभी चिकित्सक की नजर कलाम के नए आविष्कार कार्बन-कार्बन पर पड़ी। उन्होंने जिज्ञासावश उस हल्के पदार्थ के बारे में पूछा तो कलाम बोले, 'यह मेरा नया आविष्कार है।'

यह सुनकर चिकित्सक बोले, 'सर, क्या ऐसा नहीं हो सकता कि किसी हल्के पदार्थ के कैलिपर बनाए जाएँ? इससे विकलांग बच्चों को नया जीवन मिल जाएगा। यह सुनकर डॉ. कलाम तुरंत चिकित्सक के साथ उनके संस्थान में गए। वहाँ पोलियोग्रस्त बच्चों को भारी-भारी कैलिपर पहने देख उनकी आँखें

भर आईं। उन्होंने चिकित्सक से तीन सप्ताह का समय माँगा। इसके बाद वे रक्षा अनुसंधान एवं विकास प्रयोगशाला, डी.आर.डी.एल. तथा आर.सी.आई. के अनुभवी वैज्ञानिकों एवं तकनीशियनों से मिले और लंबे विचार-विमर्श के बाद इस निष्कर्ष पर पहुँचे कि कार्बन-कार्बन से हल्के कैलिपर तैयार किए जा सकते हैं। इसके बाद कलाम की देख-रेख में तीनों संस्थानों ने निजाम इंस्टीट्यूट ऑफ मेडिकल साइंसेज को सहयोग दिया और केवल 300 ग्राम वजन के कैलिपर बनाने में सफलता प्राप्त की। ये कैलिपर कलाम ने मात्र तीन सप्ताह में अपनी कार्यशाला में तैयार कराए थे। कार्बन-कार्बन के हल्के कैलिपर की खोज चिकित्सा जगत् में एक धमाका था। विश्व में पहली बार किसी संस्थान ने इतने हल्के कैलिपर की खोज की थी। कार्बन-कार्बन के हल्के कैलिपर की खोज का पूरा श्रेय डॉ. कलाम के कार्बन-कार्बन के आविष्कार तथा कैलिपर निर्माण संबंधी सूझ-बूझ की है। चिकित्सा जगत् की प्रसिद्ध हस्तियों ने डॉ. कलाम को इस आविष्कार के लिए बधाई दी। डॉ. कलाम ने जब ये हल्के कैलिपर अपने हाथों से पोलियोग्रस्त बच्चों को पहनाए तो बच्चों के साथ ही उनकी आँखों में भी खुशी के आँसू थे।

□

स्वदेशी तकनीक पर गर्व

डॉ. कलाम ने तीन महत्त्वपूर्ण संस्थानों के साथ मिलकर पोलियोग्रस्त बच्चों को कार्बन-कार्बन के माध्यम से हल्के कैलिपर का निर्माण करके उन्हें जिंदगी का सबसे उत्कृष्ट तोहफा प्रदान किया था। उनके हल्के कैलिपर से पूरा विश्व स्तब्ध था। कलाम के पास पूरे विश्व से बधाई संदेश आ रहे थे। मीडिया जगत् उन्हें घेरे हुए था। सभी हल्के कैलिपर के निर्माण की सफलता पर उनकी राय जानने को उत्सुक रहते थे। एक दिन एक पत्रकार ने उनसे पूछा, 'सर, आपने स्वदेश में हल्के कैलिपर का निर्माण करके पूरे विश्व के सामने भारत का सिर ऊँचा कर दिया है।' दूसरा पत्रकार बोला, 'इसके साथ ही विश्व भी इस बात को जान गया है कि भारत अब आत्मनिर्भर बन गया है और स्वदेश में ही अनेक तकनीकों का निर्माण कर सकता है। आप इस बारे में क्या राय रखते हैं ?'

पत्रकारों की बात सुनकर पहले कलाम मुसकराए, फिर बोले, 'आप सबकी बात से मैं सहमत हूँ। मैं तो स्वयं यह कहता हूँ कि हम अपनी उपलब्धियों और क्षमताओं पर गर्व क्यों नहीं करते। हमारे पास आश्चर्यजनक सफलताओं का पूरा इतिहास है कि हम विश्व में सिर उठाकर चल सकते हैं। हमारा भारत हर चीज में अग्रणी है। गेहूँ और चावल पैदा करने में भारत का विश्व में दूसरा स्थान है। दूध के उत्पादन में पहला स्थान है। दूरसंवेदी उपग्रह के विकास में हम पहले स्थान पर हैं। इसके बाद भी हम खासतौर पर शिक्षित लोग विदेशी तकनीक को महत्त्वपूर्ण समझते हैं। वे विदेशी टी.वी. पसंद करते हैं, विदेशी वस्तुएँ चाहते हैं; और तो और, विदेशी तकनीक तक उन्हें चाहिए। हम स्वदेशी तकनीक पर गर्व नहीं करते, यहाँ तक कि उनका इस्तेमाल भी नहीं करना चाहते। सबसे पहले

युवाओं को अपने मस्तिष्क से विदेशी वस्तुओं का मोह मिटाना होगा और स्वदेशी वस्तुओं के प्रति अपने प्रेम को उजागर करना होगा। हमें हर स्वदेशी सफलता पर गर्व करना चाहिए और उस तकनीक का प्रयोग अपने जीवन में करना चाहिए, तभी हमारा देश प्रगति के पथ पर प्रशस्त हो सकता है।'

पत्रकार उनके जवाब से मोहित हो गए।

□

एस.एल.वी.-3 की असफलता

डॉ. कलाम अपने साथियों के साथ एस.एल.वी.-3 के निर्माण में जी-जान से लगे हुए थे। पूरे छह वर्ष के कठोर परिश्रम के बाद 10 अगस्त, 1979 को एस.एल.वी.-3 का पहला उड़ान परीक्षण हुआ। 23 मीटर लंबा, चार चरणोंवाला एस.एल.वी. रॉकेट प्रात: 7.58 मिनट पर श्री हरिकोटा प्रक्षेपण केंद्र से छोड़ा गया। उसका वजन 17 टन था। प्रारंभ में रॉकेट सफलतापूर्वक उड़ा। पहले चरण की प्रणाली ने ठीक-ठाक काम किया। जैसे ही दूसरे चरण को सक्रिय होना था, रॉकेट नियंत्रण से बाहर हो गया और 317 सेकंड के बाद ही उड़ान बंद हो गई। उस रॉकेट का चौथा चरण स्वयं कलाम ने तैयार किया था। दूसरे, तीसरे और चौथे चरण सहित रॉकेट श्रीहरिकोटा से 560 कि.मी. दूर समुद्र में जा गिरा। इस असफलता से कलाम के साथ ही वहाँ उपस्थित सभी वैज्ञानिक एवं अधिकारी शोक में डूब गए। कलाम तो इस असफलता से बेहद टूट गए। उन्होंने इस रॉकेट को सफल बनाने में सबकुछ झोंक दिया था। उसके बाद मिली असफलता से उनका शरीर निष्क्रिय-सा हो गया था। सब यह जानना चाहते थे कि ऐसा क्यों हुआ; परंतु कलाम का शरीर पूरी तरह जवाब दे गया था। एस.एल.वी. प्रक्षेपण की तैयारियों में रात-दिन लगे रहने के कारण वे पूरे एक सप्ताह से रात को सो भी नहीं पाए थे। वे असफलता से चित होकर अपने कमरे में बंद हो गए। शाम तक डॉ. कलाम को होश नहीं था। वे गहरी नींद में चले गए थे। डॉ. ब्रह्मप्रकाश दो बार उन्हें देखने के लिए आए और यह सोचकर कि वे सो रहे हैं, चुपचाप लौट गए।

शाम को वे तीसरी बार कलाम के कमरे में गए और उनके बिस्तर पर बैठ गए। उन्होंने स्नेहपूर्वक कलाम के सिर पर हाथ रखा और बोले, 'अब उठो, शाम

हो गई है। चलो, खाना खाएँगे। मैंने भी सवेरे से कुछ नहीं खाया है। अब तुम्हारे साथ खाना चाहता हूँ। बहुत तेज भूख लगी है।'

डॉ. ब्रह्मप्रकाश का स्नेहपूर्ण हाथ देखकर कलाम की आँखें नम हो गईं। उन्हें ऐसा महसूस हुआ मानो डॉ. ब्रह्मप्रकाश एक पिता के रूप में उन्हें सांत्वना दे रहे हों। कलाम का दिल भर आया। कहाँ तो कलाम सोच रहे थे कि डॉ. ब्रह्मप्रकाश इस असफलता के लिए उन्हें जिम्मेदार ठहराएँगे, उन्हें डाँटेंगे; लेकिन इसके उल्ट डॉ. ब्रह्मप्रकाश का देव-तुल्य रूप देखकर वे भावुक हो गए। हालाँकि कलाम इस बात से सहमत थे कि इस असफलता से डॉ. ब्रह्मप्रकाश को नाराज होने का पूरा हक था, क्योंकि उन्होंने कलाम पर बेहद भरोसा किया था। परंतु डॉ. ब्रह्मप्रकाश के व्यवहार में कोई भी नाराजगी या शिकायत के चिह्न न देखकर कलाम ने मन-ही-मन उनके महान् व्यक्तित्व को नमन किया। इसके बाद डॉ. ब्रह्मप्रकाश कलाम को अपने साथ ले गए। दोनों ने साथ-साथ भोजन किया। भोजन के दौरान भी डॉ. ब्रह्मप्रकाश ने कलाम से एस.एल.वी.-3 की असफलता के बारे में कोई बात नहीं की।

□

असफलता की जिम्मेदारी

डॉ. कलाम एस.एल.वी.-3 रॉकेट की असफलता से बेहद परेशान थे। असफलता की समीक्षा के लिए 70 वरिष्ठ वैज्ञानिकों की बैठक हुई। जाँच करने पर पता चला कि परीक्षण के 8 मिनट पहले टी-8 के पहली कमांड के बाद संदूषण के कारण डाइजर टैंक का एक वॉल्व खुला रह गया और नाइट्रिक एसिड रिस गया। इसलिए पहले चरण के बाद ज्यों ही दूसरा चरण आरंभ होना था, नियंत्रण बल ठीक से काम नहीं कर पाया और रॉकेट नियंत्रण खोकर समुद्र में जा गिरा। यह निष्कर्ष इसरो (ISRO) के वरिष्ठ वैज्ञानिकों की बैठक में जब इसरो के निदेशक प्रो. सतीश धवन के सामने रखा गया तो कलाम वहाँ उपस्थित थे। कुछ देर वहाँ शांति छाई रही। फिर कलाम दृढता के साथ अपने स्थान पर खड़े हुए और बोले, 'सर, यद्यपि इस असफलता के लिए मेरे साथियों ने तकनीकी गड़बड़ी को दोषी ठहराया है, तो भी अंतिम चरण की उल्टी गिनती के दौरान नाइट्रिक एसिड रिसाव को अनदेखा करने की जिम्मेदारी मैं अपने ऊपर लेता हूँ। एक मिशन डायरेक्टर के रूप में मुझे प्रक्षेपण रोक देना चाहिए था। उड़ान की सुरक्षा का दायित्व मेरा था। मुझे यह भी ज्ञात है कि विदेशों में इस प्रकार की अनदेखी करने पर मिशन डायरेक्टर को मिशन से बाहर कर दिया जाता है। मैं सजा के लिए तैयार हूँ।' कलाम के द्वारा दृढता से असफलता को स्वीकारते हुए और सजा के लिए तैयार देख वहाँ उपस्थित सभी वैज्ञानिक स्तब्ध रह गए।

तभी इसरो के निदेशक प्रो. सतीश धवन बोले, 'मुझे कलाम को पृथ्वी की कक्षा में स्थापना के बाद ही छोड़ना है।' इन शब्दों के साथ उन्होंने बैठक समाप्त कर दी। सब उठकर चले गए।

इसके बाद डॉ. ब्रह्मप्रकाश ने पूरी एस.एल.वी. टीम को अपने पास बुलाया और कलाम से बोले, 'देखो कलाम, तुम कितने भाग्यशाली हो। तुम्हारे सब साथी आज भी तुम्हारे साथ खड़े हैं। किसी ने तुम्हारा साथ नहीं छोड़ा। कोई तुम्हें दोषी नहीं मानता। चूक किसी से भी हो सकती है। भूल जाओ यह सब। अपने साथियों के साथ नए उत्साह से काम में लग जाओ।' इस तरह डॉ. ब्रह्मप्रकाश ने कलाम के मन में एस.एल.वी.-3 की विफलता से उपजी पीड़ा को पूरी तरह दूर कर दिया और कलाम दोगुने जोश के साथ अपने काम में लग गए।

□

डॉ. ब्रह्मप्रकाश की सीख

डॉ. ब्रह्मप्रकाश कलाम की अद्‌भुत प्रतिभा से परिचित थे। इसलिए वे किसी कारणवश कलाम के असफल होने पर भी परेशान नहीं होते थे। कई बार कलाम अवश्य असफलता से तनावग्रस्त हो जाते थे। एस.एल.वी.-3 रॉकेट की असफलता से भी वे बेहद परेशान हो गए थे। उन्होंने दिन-रात इस परियोजना में काम किया था। कई दिनों से वे न ठीक से सोए थे, न ही ढंग से खा-पी पाए थे। ऐसे में असफलता ने उन्हें और अधिक कमजोर कर दिया था। डॉ. ब्रह्मप्रकाश ऐसे समय में लगातार कलाम के साथ रहे। उन्होंने टूटते हुए कलाम को सहारा दिया। कलाम अपनी असफलता से आहत होकर डॉ. ब्रह्मप्रकाश से बोले, 'सर, मैंने तो इतनी बड़ी परियोजना में अपना सर्वस्व समर्पित कर दिया था। उसके बाद एक हल्की सी चूक से इतनी बड़ी असफलता ने मुझे बहुत निराश कर दिया है।'

कलाम की बातें सुनकर डॉ. ब्रह्मप्रकाश बोले, 'कलाम, बेटा! अकसर बड़ी परियोजनाएँ उन पहाड़ों के समान होती हैं, जिन पर बिना इच्छा के भी यथासंभव कोशिशों के साथ चढ़ना चाहिए। यदि तुम अनवरत चलते रहोगे तो गति और बढ़ेगी। वहीं, यदि तुम असफलता से तनावग्रस्त हो जाओगे तो गति भी स्वत: ही धीमी हो जाएगी। तुम पहाड़ पर उस साम्यावस्था में चढ़ो, जिसमें न थकान हो, न बेचैनी हो।'

कलाम दु:खी स्वर में बोले, 'सर, सचमुच मेरी गति धीमी हो गई है। मुझे सूझ ही नहीं रहा कि मैं अपने काम की शुरुआत कहाँ से करूँ?'

कलाम की इस बात पर डॉ. ब्रह्मप्रकाश बोले, 'कलाम, तुम्हें अभी बहुत आगे जाना है। यह सदैव याद रखना कि सफलता व्यक्ति को असफलता की सीढ़ियों

पर चढ़कर ही मिलती है। जिस तरह चोटी पूरे पहाड़ को पार करने के बाद आती है, उसी तरह सफलता भी असफलता के पहाड़ को पार करके ही प्राप्त होती है।' डॉ. ब्रह्मप्रकाश की ये बातें सुनकर कलाम की सुप्त चेतना जागी। इसके बाद उन्होंने डॉ. ब्रह्मप्रकाश के इन शब्दों को अपनी जिंदगी और कार्यशैली का आधार बना लिया। उनकी महान् उपलब्धियों के पीछे डॉ. ब्रह्मप्रकाश के उपर्युक्त शब्दों का बहुत बड़ा हाथ रहा।

□

डॉ. ब्रह्मप्रकाश के बेटे कलाम

डॉ. ब्रह्मप्रकाश ने ऐसे समय में कलाम का साथ दिया, जब वे असफलताओं से आहत हो गए थे। कलाम डॉ. ब्रह्मप्रकाश का बहुत आदर व सम्मान करते थे। नवंबर 1979 में डॉ. ब्रह्मप्रकाश ने विक्रम साराभाई स्पेस सेंटर के निदेशक पद से अवकाश ग्रहण किया। इसके बाद भी कलाम लगातार उनके संपर्क में बने रहे। डॉ. ब्रह्मप्रकाश के सेवानिवृत्त होने के बाद कलाम उनसे मिलते और बातचीत करते, अपनी हर महत्त्वपूर्ण बात उन्हें बताते और उनकी सलाह माँगते। वर्ष 1981 में डॉ. कलाम का नाम 'पद्मभूषण' पुरस्कार के लिए चुना गया। जब कलाम को यह समाचार प्राप्त हुआ तो उन्होंने तुरंत यह सूचना डॉ. ब्रह्मप्रकाश को दी। डॉ. ब्रह्मप्रकाश कलाम को 'पद्मभूषण' पुरस्कार के लिए चुने जाने की बात सुनकर बेहद खुश हुए और उन्होंने प्रसन्नता से कलाम को गले लगा लिया। कलाम भावुक होकर बोले, 'सर, आज मेरी सारी सफलता का श्रेय आपको ही जाता है। आपने ही मुझे हर परेशानी और समस्या से उबारा है। आज मैं सफलता के इस पायदान पर आपके ही कारण हूँ।' कलाम को यह बोलते देख डॉ. ब्रह्मप्रकाश कृत्रिम गुस्सा दिखाते हुए बोले, 'कलाम, तुम मेरे बेटे हो। यह पुरस्कार मेरे बेटे कलाम को मिला है और बेटे कभी भी अपने पिता को धन्यवाद नहीं देते। मैंने प्रारंभ में ही तुम्हारी अद्भुत प्रतिभा को परख लिया था और मन में यह ठान लिया था कि तुम्हें उन ऊँचाइयों तक पहुँचाना है, जहाँ से तुम सबके लिए प्रेरणा-स्रोत बन सको। भविष्य में जब भारत की जनता तुम्हें प्रेरणा-स्रोत के रूप में याद करेगी तो मेरी आत्मा प्रसन्नता से खिल उठेगी।' डॉ. ब्रह्मप्रकाश की ये बातें भविष्य में सत्य साबित हुईं। आज न केवल पूरा भारत, बल्कि विश्व भी डॉ. कलाम की सफलताओं एवं सादगी से अभिभूत है और उन्हें अपना प्रेरणा-स्रोत बना चुका है। □

विकसित भारत का निर्माण

डॉ. कलाम को बच्चों से मिलना बहुत पसंद था। वे अकसर ऐसे कार्यक्रमों में जाना पसंद करते थे, जहाँ पर उन्हें विद्यार्थियों से रू-ब-रू होना पड़ता था। वे चाहते थे कि भारतीय बच्चों को ऐसी शिक्षा प्रदान की जाए, जिससे वे सृजनात्मकता एवं योग्यता को तराश सकें। एक बार वे हैदराबाद में एक कार्यक्रम में गए हुए थे। वहाँ पर उन्होंने अपना वक्तव्य दिया। उनके वक्तव्य को वहाँ उपस्थित विशाल जन-समूह ने बेहद पसंद किया। समारोह स्थल पर विशाल जन-समूह था। इसमें छात्र भी शामिल थे। वक्तव्य के बाद छात्रों ने बहुत सारी जिज्ञासाएँ एवं अपने सवाल कलाम के सामने रखे। कलाम मुसकराकर हर छात्र का जवाब देते रहे। छात्र सादगी भरे कलाम के अनूठे व्यक्तित्व और बुद्धिमत्ता को देखकर चकित थे। जब कई छात्र अपने प्रश्न पूछ चुके तो चौदह वर्ष की एक बालिका अपने स्थान से उठकर डॉ. कलाम के पास आई। उसके पास एक नोटबुक थी। बालिका नोटबुक डॉ. कलाम के आगे करते हुए बोली, 'सर, कृपया अपने हस्ताक्षर इस नोटबुक पर कर दीजिए। मैं आपके विचारों से बहुत प्रभावित हूँ। मुझे भी विज्ञान विषय बहुत पसंद है। मैं भविष्य में विज्ञान में ही अपना कॅरियर बनाऊँगी।'

नन्ही बालिका की बातें सुनकर कलाम के चेहरे पर मुसकान बिखर गई। उन्होंने नोटबुक अपने हाथों में पकड़ी और उस पर हस्ताक्षर करने लगे। सहसा कलाम बालिका की ओर देखकर बोले, 'बेटा, तुम क्या बनना चाहती हो?'

इस पर बालिका बोली, 'सर, अभी वह तो मैंने पूरी तरह सोचा नहीं, लेकिन हाँ, मैं एक विकसित भारत में रहना चाहती हूँ।' उस बालिका की इतनी बड़ी बात सुनकर कलाम उसकी ओर देखने लगे। उन्होंने उसी समय अपने मन में दृढ

संकल्प लिया कि इस देश के ऐसे असंख्य बच्चों के लिए विकसित भारत का निर्माण हम सभी को मिलकर करना होगा। जब सभी लोग भारत को विकसित बनाने का प्रयास करेंगे तो इस बालिका का विकसित भारत में रहने का अरमान पूरा हो जाएगा।' इसके बाद वे समारोह स्थल से लौटकर देश को विकसित बनाने के लिए अनेक नवीन शोधों में जुट गए।

□

संगीत की साधना

डॉ. कलाम दिन-रात नवीन शोधों में लगे रहते थे। अकसर लोग उनके जोश, आत्मविश्वास, एकाग्रता, काम की लगन और उत्साह को देखकर दंग रह जाते थे। एक बार उनके पास कुछ लोग उनसे मिलने आए हुए थे। एक व्यक्ति उनसे बोला, 'सर, आपने विज्ञान के क्षेत्र में उल्लेखनीय प्रगति की है और देश को अनेक नई मिसाइलें प्रदान करने में महत्त्वपूर्ण भूमिका निभाई है। आप इतना काम कैसे कर लेते हैं ?'

यह सुनकर कलाम बोले, 'जब मन में उत्साह जन्म ले लेता है तो फिर काम स्वत: ही होता चला जाता है। आप भी एक बार अपने मन में लक्ष्य को ठान लीजिए और जुटकर उसके पीछे लग जाइए। फिर देखिए, सफलता किस कदर आपके पैर चूमती है।'

कलाम की बातें सुनकर एक नौजवान बोला, 'सर, हम तो युवा होने पर भी जरा सा कार्य करते ही थक जाते हैं। क्या आपको थकान नहीं महसूस होती ?'

कलाम बोले, 'थकान बिल्कुल महसूस होती है।'

'तब अपनी थकान दूर करने के लिए आप क्या करते हैं ? नौजवान बोला।

कलाम बोले, 'बेटा, प्रत्येक व्यक्ति को थकान अकसर तब होती है, जब वह कार्य करते-करते बोर हो जाता है। जब आप मन लगाकर काम करेंगे तो आपको थकान तो अवश्य होगी, लेकिन उसकी गति धीमी होगी। हाँ, फिर उस थकान को मिटाने के लिए आप विश्राम कर सकते हैं। यह विश्राम कई तरह का हो सकता है। किसी को पुस्तक पढ़ने में आनंद प्राप्त होता है तो किसी को टेलीविजन देखने में तो किसी को बगीचे में भ्रमण करने में।'

इस पर एक अन्य युवक बोला, 'सर, आप अपनी थकान उतारने के लिए क्या करते हैं? आपको किस कार्य के माध्यम से विश्राम मिलता है?'

कलाम बोले, 'मुझे तो संगीत-साधना से विश्राम मिलता है। जब मैं थक जाता हूँ तो अपनी वीणा उठाता हूँ और उसके तारों की मधुर ध्वनि में खो जाता हूँ। वीणा का मधुर स्वर मेरी सारी शारीरिक एवं मानसिक थकान उतार देता है। वीणा-वादन मेरे लिए एक मानसिक विश्राम है, एक संगीत-साधना है, एक भाव-समाधि है। वीणा-वादन से मुझे असीमित ऊर्जा मिलती है।' कलाम की ये बातें सुनकर सभी युवक उनकी बातों से सहमत हो गए।

□

बच्चों को समर्पित 'तेजस्वी मन'

डॉ. कलाम उत्साह, ऊर्जा एवं आत्मविश्वास से परिपूर्ण रहते थे। वे चाहते थे कि नई पीढ़ी भी दोगुने जोश एवं आत्मविश्वास के साथ अपने कार्यों को पूर्ण करे और देश को प्रगति की राह पर ले जाए। वे अकसर बच्चों के बीच पहुँच जाते थे और उनसे बातें करते थे। एक बार वे ढेर सारे बच्चों से मिले। बच्चे कलाम को देखते ही उत्साहित हो गए। वे एक स्वर में बोले, 'सर, हम आपसे बहुत सारे प्रश्न पूछना चाहते हैं। हमारे मन में जिज्ञासा है। क्या आप हमारे सवालों के जवाब देंगे?'

बच्चों को गरमजोशी से बोलते देख कलाम चिर-परिचित मुसकान के साथ बोले, 'हाँ बच्चो, अवश्य; बल्कि मैं तो स्वयं ही चाहता हूँ कि तुम सबके अंदर प्रश्न पूछने की उत्सुकता हो।' बस, यह बोलते ही बच्चों की प्रश्न शृंखला प्रारंभ हो गई। एक बच्चा बोला, 'हम अपना आदर्श कहाँ से चुनें?' एक बालिका अपना प्रश्न रखते हुए बोली, 'सर, हर रोज हम अखबारों में आतंकवादियों के बारे में पढ़ते हैं या माता-पिता को इस विषय पर बात करते हुए सुनते हैं। ये कौन होते हैं? क्या ये हमारे ही देश के लोग हैं?'

एक बच्चा बोला, 'आप हमेशा सपने देखने का संदेश ही देते हैं, ऐसा क्यों?'

स्कूल का एक बच्चा बोला, 'ब्रह्मपुत्र के पानी को तमिलनाडु और राजस्थान में क्यों नहीं ले जाया जा सकता? ज्यादा बाढ़वाले क्षेत्रों का पानी सूखा पड़नेवाले राज्यों में क्यों नहीं ले जाया जा सकता?'

एक अन्य बच्चे ने पूछा, 'सर, मुझे यह बताएँ कि क्या पाकिस्तान के हथियार भारत के हथियारों के मुकाबले ज्यादा मजबूत हैं?'

कस्बे का एक बच्चा बोला, 'सर, किसी भी क्षेत्र के बड़े नेता हमसे बात करने के लिए क्यों नहीं आते? हम अकसर टी.वी. में प्रधानमंत्री को चेन्नई, लखनऊ तथा अन्य स्थानों पर जाते देखते हैं। लेकिन वे कभी यहाँ नहीं आते। हम चाहते हैं कि नेता हमारे यहाँ भी आएँ, ताकि हम उनसे बात कर सकें।'

एक बच्चा बोला, 'सर, हमें यह बताइए कि आपकी वे पसंदीदा किताबें कौन सी हैं, जिन्हें पढ़ने से आपकी सोच इतनी विकसित हो गई?' एक तेज-तर्रार बच्चा अपने स्थान से उठकर बोला, 'सर, यह बताइए कि हमारा दुश्मन कौन है?'

उस बच्चे के यह प्रश्न पूछते ही डॉ. कलाम गंभीर हो गए। उन्हें उत्सुकता हुई, क्यों न इस प्रश्न का जवाब बच्चों से ही पूछा जाए। डॉ. कलाम ने बच्चों के प्रश्न दोहरा दिए और फिर उन बच्चों से हाथ खड़ा करने के लिए कहा, जिन्हें उनके जवाब पता थे। कई बच्चों ने अपने हाथ खड़े कर दिए। उन्हें बच्चों से अनेक उत्तर मिले। उसी समय उन्हें नजर आया कि एक बालिका प्रश्न का जवाब देना चाहती है। उन्होंने बालिका से कहा, 'बोलो बेटा, तुम कुछ कहना चाहती हो?'

बालिका बोली, 'सर, हमारा सबसे बड़ा दुश्मन गरीबी है।'

बालिका का उत्तर सुनकर कलाम दंग रह गए। उन्होंने उससे उसका नाम पूछा। बालिका बोली, 'सर मेरा नाम स्नेहल ठक्कर है और मैं बारहवीं कक्षा की छात्रा हूँ।'

डॉ. कलाम स्नेहल ठक्कर के जवाब से इतना प्रसन्न हुए कि उन्होंने एक पुस्तक 'इग्नाइटेड माइंड्स' लिखी। उस पुस्तक का हिंदी अनुवाद 'तेजस्वी मन' नाम से वर्ष 2002 में प्रकाशित हुआ। उस समय डॉ. कलाम देश के राष्ट्रपति पद पर विद्यमान थे। उन्होंने उस पुस्तक को उस बालिका को ही समर्पित कर दिया था।

□

स्वदेशी कार्डियक स्टेंट का निर्माण

एक बार डॉ. कलाम हृदय रोग विशेषज्ञों से बातें कर रहे थे। हृदय प्रत्यारोपण के संदर्भ में बातें हो रही थीं। जिज्ञासावश कलाम डॉक्टर से बोले, 'रोगी को हृदय रोग से बचाने के लिए और उसके हृदय को सुरक्षित रखने के लिए आप प्रक्रिया को किस प्रकार पूर्ण करते हैं?' कलाम के इस प्रश्न से डॉक्टर समझ गए कि कलाम के मन में इससे संबंधित आविष्कार की जिज्ञासा जन्म ले रही है। वे बोले, 'सर, हम रोगी की बंद धमनियों को खोलने के लिए 'बैलून एंजियोप्लास्टी' करते हैं। इसमें बैलून का इस्तेमाल किया जाता है। धमनी को खुला रखने तथा उसे नष्ट होने से बचाने के लिए चिकित्सक कार्डियक स्टेंट लगा देते हैं।' डॉक्टर की बात सुनकर कलाम बोले, 'एक रोगी को इस स्टेंट की कीमत लगभग कितनी पड़ जाती है?' डॉक्टर बोले, 'सर, अभी तो यह प्रक्रिया बहुत महँगी है। इसलिए बैलून एंजियोप्लास्टी करानेवाले रोगी को काफी खर्चा करना पड़ता है।'

कलाम बोले, 'क्या कोई ऐसा उपाय नहीं है जिससे बैलून एंजियोप्लास्टी का खर्चा कम हो सके।'

डॉक्टर बोले, 'सर, फिलहाल तो ऐसा संभव नहीं है।' कलाम बोले, 'क्यों? ऐसा भला क्यों संभव नहीं है?' डॉक्टर बोले, 'सर, हमारे भारत में बैलून एंजियोप्लास्टी के लिए स्टेंट विदेशों से मँगाने पड़ते हैं। विदेशों से मँगाने में ये स्टेंट बहुत महँगे पड़ जाते हैं। जब विदेशों से ये स्टेंट हमारे देश में आते हैं तो इनकी कीमत वास्तविक कीमत से बहुत अधिक बढ़ जाती है।'

बस, यही अवसर था, जब कलाम ने मन में दृढ संकल्प कर लिया कि शीघ्र ही स्वदेश में कार्डियक स्टेंट का निर्माण करना है। डॉक्टर के पास से आने के बाद

कलाम स्वदेशी कार्डियक स्टेंट की खोज करने में लगे रहे। वे अपनी प्रयोगशाला में दिन-रात लगे रहते। आखिर उनकी मेहनत रंग लाई। कुछ ही समय में उनका संकल्प पूरा हो गया और उन्होंने अपनी प्रयोगशाला में स्वदेशी कार्डियक स्टेंट का निर्माण करने में सफलता प्राप्त कर ली। स्वदेशी कार्डियक स्टेंट की खोज पर जब पत्रकारों ने उन्हें घेर लिया तो वे बोले, 'विज्ञान के पास ऐसा बहुत कुछ है, जिनकी सहायता से हम ऐसी वस्तुओं का निर्माण कर सकते हैं, जो जनसामान्य के लिए अत्यधिक लाभकारी हों। बस, इसके लिए हमें विज्ञान और तकनीक के महत्त्व को समझना होगा।' इसके बाद उन्होंने अनेक मिसाइलें एवं खोज करने में महत्त्वपूर्ण भूमिका निभाई।

□

युवा सहयोगी के बहुमूल्य सुझाव

यह प्रसंग उस समय का है, जब डॉ. कलाम स्वदेश में ही राटो परियोजना पर काम कर रहे थे। उस समय उन्होंने इस बात को तीव्रता से महसूस किया कि भारत में अनुसंधान और निर्माण का काम पूरी तरह विदेशी आयात पर निर्भर था। देश में आवश्यक कल-पुरजे उपलब्ध ही नहीं थे। कलाम ने इस बात को भी जान लिया था कि विदेश से चीजें मँगाने के दो बड़े नुकसान थे—एक तो चीजें समय पर नहीं मिल पाती थीं और दूसरे उनकी कई गुना कीमत चुकानी पड़ती थी। एक दिन उन्होंने अपनी टीम के युवा सहयोगी जयाचंद्र बाबू से इस संदर्भ में बात की और बोले, 'क्या तुम्हारे पास विदेशी कल-पुरजों की खरीद के बारे में कोई विकल्प है?'

जयाचंद्र बाबू कलाम के इस प्रश्न पर विचार करने लगे और बोले, 'सर, मैं थोड़ा विचार करके इस संदर्भ में आपको बताता हूँ।'

अगले दिन शाम को वे कलाम से बोले, 'हाँ सर! बिना आयात किए हुए भी हम राटो प्रणाली विकसित कर सकते हैं। केवल इसमें दो दिक्कतें हैं, जो हमें काम ढंग से नहीं करने देतीं।'

कलाम बोले, 'हाँ, वे दो दिक्कतें बताओ।'

जयाचंद्र बाबू बोले, 'इनमें एक संगठन के प्रबंधन से संबंधित है और दूसरी ठेकेदारी से। यदि ये दोनों क्षेत्र ठीक से काम करें तो निश्चय ही आयात टाला जा सकता है।'

जयाचंद्र बाबू की बातें सुनकर कलाम चौंक गए। वाकई जयाचंद्र बाबू ने बहुत पते की बातें की थीं। कलाम समझ गए कि जयाचंद्र बाबू को इस बारे में काफी

ज्ञान है। वे बोले, 'तुम मुझे ऐसे तरीके बताओ, जिनके माध्यम से हम विदेशों की निर्भरता को कम कर सकें।' कलाम की बात पर जयाचंद्र बाबू ने ऐसे सात बिंदु बताए। वे बोले, 'सर, वित्तीय मंजूरी का काम सभी स्तरों पर न होकर सिर्फ एक व्यक्ति के हाथों में हो। परियोजना से संबंधित सभी कार्यों के लिए हवाई यात्रा की छूट मिले—चाहे वह व्यक्ति इसका हकदार हो या नहीं। परियोजना की जवाबदेही केवल एक ही व्यक्ति पर हो। परियोजना से संबंधित उपकरण और सामान हवाई परिवहन से मँगाया जाए। काम सरकारी क्षेत्र को न सौंपकर निजी क्षेत्र को सौंपे जाएँ। सारे ऑर्डर तकनीकी तुलना के आधार पर ही दिए जाएँ। उनके पीछे कोई आग्रह न हो और संगठन के हिसाब-किताब की प्रक्रिया तेज व साफ-सुथरी हो।'

कलाम ने जयाचंद्र बाबू के इन सातों सुझावों को नोट कर लिया। उन्होंने इन सुझावों पर गौर किया तो पाया कि वाकई युवा सहयोगी जयाचंद्र बाबू के ये सुझाव बेहद कीमती थे। उन्होंने इन सुझावों को डॉ. विक्रम साराभाई के सामने रखा। डॉ. विक्रम साराभाई ने सुझावों को पढ़ा और बिना एक पल भी गँवाए उन्होंने सभी सुझावों को मंजूरी प्रदान कर दी। कलाम इन दोनों ही घटनाओं से हतप्रभ रह गए। पहली तो जयाचंद्र बाबू की विलक्षण प्रतिभा एवं विलक्षण सुझावों से और दूसरी डॉ. साराभाई के द्वारा उन सुझावों को बिना किसी प्रतिक्रिया दिए चुपचाप मान लेने से। इसके बाद कलाम ने जयाचंद्र बाबू के बारे में टिप्पणी देते हुए कहा कि जयाचंद्र बेहद कुशाग्र बुद्धि और सहज व्यावसायिक समझवाला उत्साही नौजवान है और वह जीवन में उल्लेखनीय प्रगति करेगा। कुछ दिनों बाद ही जयाचंद्र बाबू ने 'इसरो' छोड़ दिया और बेहतर भविष्य की तलाश में नाइजीरिया चले गए।

□

तोहफों का विष

यह घटना वर्ष 1947 की और कलाम के बचपन की है। भारत हाल ही में आजाद हुआ था। उन्हीं दिनों रामेश्वरम द्वीप में पंचायत के चुनाव हुए। उनके पिता को ग्रामसभा का अध्यक्ष चुन लिया गया। उनके अध्यक्ष चुने जाने का प्रमुख कारण लोगों के साथ उनका सद्व्यवहार एवं सज्जनता थी। पिता के अध्यक्ष चुने जाने के कुछ समय बाद ही एक व्यक्ति उनके घर आया। उस समय घर में केवल कलाम थे और अपने पाठ को जोर-जोर से याद कर रहे थे। व्यक्ति ने आते ही पिता के बारे में पूछा। कलाम बोले, 'मेरे पिता शाम की नमाज के लिए गए हैं। आप कुछ देर इंतजार करिए, तब तक वे वापस आ जाएँगे।'

कलाम की बात सुनकर व्यक्ति बोला, 'नहीं, मैं ज्यादा देर नहीं रुक पाऊँगा। दरअसल मैं तुम्हारे पिताजी के लिए कुछ लाया हूँ। बेटा, जब वे लौटकर आएँ तो मेरी तरफ से यह सामान तुम उन्हें दे देना।'

व्यक्ति की ऐसी बातें सुनकर मैं असमंजस में पड़ गया। इतने में वह व्यक्ति उस सामान को छोड़कर घर से बाहर निकल गया। मैं फिर से अपनी पुस्तकें पढ़ने में लग गया। जब पिताजी वापस आए तो उन्होंने चारपाई पर चाँदी की एक तश्तरी में रखे तोहफों को देखा। फिर वे मेरी तरफ देखकर बोले, 'बेटा, ये तोहफे कहाँ से आए?' मैं बोला, 'पिताजी, एक व्यक्ति आए थे। वे आपके बारे में पूछ रहे थे। वे आपके लिए यह सामान यहाँ रखकर गए हैं।'

पिताजी ने उन तोहफों को खोलकर देखा तो पाया कि उनमें कुछ कीमती कपड़े, कुछ चाँदी के प्याले और कुछ मिठाई थी। पिताजी तोहफों को देखते ही नाराज हो गए। कलाम घर में सबसे छोटे थे और उस समय वह व्यक्ति कलाम की

उपस्थिति में ही उन तोहफों को वहाँ रखकर गया था। यह सोचकर जैनुलाबदीन को बहुत क्रोध आया और उन्होंने कलाम को थप्पड़ मार दिया। जैनुलाबदीन गुस्से से इधर-उधर घूमते रहे। कुछ सोचकर वे उदासीन कलाम के पास पहुँचे और प्रेम से उसके सिर पर हाथ रखते हुए बोले, 'बेटा, आगे से मेरी इजाजत के बिना कभी किसी से कोई तोहफा स्वीकार मत करना। जब खुदा किसी इनसान को किसी ओहदे पर बैठाता है तो वह उसकी जरूरतों का भी बंदोबस्त करता है। अगर कोई शख्स इससे ज्यादा कुछ लेता है तो वह गैर-वाजिब होता है।' इसके बाद वे बोले, 'बेटा, तोहफे स्वीकार करना अच्छी आदत नहीं होती। तोहफे हमेशा किसी खास मकसद के साथ दिए जाते हैं। इसलिए उन्हें लेना खतरनाक है। यह साँप को छूने जैसा है, जिसके बाद उसका जहर व्यक्ति को मिलता है।'

पिता की यह बात कलाम के मस्तिष्क में गहराइयों तक बस गई। कलाम अपने जीवन में सादगी से रहे। वे कभी भी तोहफों के लालच में नहीं आए।

□

बालिका का मार्मिक पत्र

कलाम के राष्ट्रपति बनने के बाद से ही बच्चों में बेहद उत्साह था। कलाम बच्चों को बहुत पसंद करते थे। यही कारण था कि राष्ट्रपति बनने के बाद उनके पास पत्रों, इ-मेल आदि का अंबार लग जाता था। ये पत्र उन्हें बच्चों, युवाओं, वयस्कों, अध्यापकों, वैज्ञानिकों व साधारण लोगों द्वारा भेजे जाते थे। कलाम प्रतिदिन पत्रों की संख्या देखकर चौंक उठते थे। हर पत्र का जवाब देना संभव नहीं था। ऐसे में चुनिंदा पत्रों का ही जवाब दिया जाता था। कई पत्रों को संबंधित विभाग को अगली काररवाई के लिए भेज दिया जाता था। बीमारी व इलाज से संबंधित पत्रों की जानकारी अस्पतालों तक पहुँचा दी जाती थी, ताकि रोगियों को समुचित इलाज मिल पाए। कई बार तो कलाम की ओर से पत्र भेजनेवाले व्यक्तियों को आर्थिक सहायता तक पहुँचाई जाती थी। एक बार सभी पत्रों को पढ़कर उनकी छँटनी चल रही थी। अचानक एक पत्र पर छँटनी करनेवाले व्यक्तियों की नजर पड़ी। वह पत्र एक छोटी बच्ची ने भेजा था। पत्र को पढ़कर वहाँ उपस्थित व्यक्तियों की आँखें भर आईं। राष्ट्रपति कलाम के पास उस पत्र को भेजा गया। कलाम ने उस पत्र को पढ़ा। पत्र में एक बालिका ने लिखा था—'मेरा परिवार कठिनाई में है। परिवार के साथ ये मुश्किलें पिछले तेईस सालों से जारी हैं। हमारे परिवार की याद में एक भी दिन ऐसा नहीं है, जिसमें कोई खुशी का पल जुड़ा हो। मैं पढ़ाई में अच्छी चल रही थी। पाँचवीं की परीक्षा में मैंने अपने सेंटर में पहला स्थान पाया था। मैं एक डॉक्टर बनना चाहती थी। लेकिन उसके बाद मैंने कभी पहला स्थान नहीं पाया। मैं हमेशा दूसरे या तीसरे नंबर पर आती रही। बी.ए. में मुझे केवल 50 प्रतिशत अंक मिले। मैं डॉक्टरी की पढ़ाई में नहीं

जा सकी, क्योंकि मैं हमेशा तनाव की स्थिति में रहती हूँ। मैं पिछले चौदह सालों से तनाव की स्थिति में हूँ।'

पत्र पढ़कर कलाम की आँखें भी नम हो आईं। उन्होंने उसी क्षण यह निर्णय लिया कि वे देश को बेहतर बनाने के लिए बच्चों के भविष्य को बेहतर बनाने पर ध्यान देंगे। वे अपनी तरफ से ऐसे प्रयास करेंगे, जिससे कि भारत के होनहार बच्चों को आर्थिक परेशानी के चलते अपनी पढ़ाई बंद न करनी पड़े।

□

अध्यापन व राजनीति के बीच द्वंद्व

एक बार डॉ. ए.पी.जे. अब्दुल कलाम अन्ना यूनिवर्सिटी के उप-कुलपति प्रो. ए. कलानिधि के साथ कुछ बातें कर रहे थे। अचानक उप-कुलपति प्रो. बोले, 'मेरे ऑफिस में तुम्हारे लिए दिन भर फोन आते रहे। कोई बहुत उत्तेजित भाव में मुझसे बात करने की कोशिश कर रहा था।'

यह सुनकर कलाम बोले, 'हो सकता है, कोई महत्त्वपूर्ण फोन हो। कोई किसी शोध या विषय पर मेरी राय जानना चाहते हों।' जैसे ही कलाम अपने कमरे में पहुँचे, फोन फिर बज उठा। कलाम ने जैसे ही फोन उठाया, वहाँ से आवाज आई, 'प्रधानमंत्री आपसे बात करना चाहते हैं।' इससे पहले कि कलाम फोन पर प्रधानमंत्री से जुड़ पाते, अचानक उनके निजी मोबाइल फोन की घंटी बज उठी। मोबाइल पर आंध्र प्रदेश के मुख्यमंत्री चंद्रबाबू नायडू थे। वे कलाम से बोले, 'प्रधानमंत्री आपसे किसी भी क्षण बात कर सकते हैं। वे तुमसे कुछ कहेंगे, उसके लिए तुम इनकार मत करना।' कलाम असमंजस में थे। वे कुछ पूछ पाते, तभी प्रधानमंत्री लाइन पर थे। तत्कालीन प्रधानमंत्री अटलबिहारी वाजपेयी डॉ. कलाम से बोले, 'आपका अध्यापन कैसा चल रहा है?'

'बहुत अच्छा।' कलाम ने जवाब दिया।

इसके बाद वाजपेयीजी बोले, 'हमारे पास आपके लिए एक बहुत महत्त्वपूर्ण खबर है। मैं अभी एक विशेष मीटिंग से आ रहा हूँ, जिसमें गठबंधन के सभी दलों के नेता शामिल थे। हम सबने एकमत होकर तय किया है कि देश को राष्ट्रपति के रूप में आपकी जरूरत है। मैं यह घोषणा आज रात को ही कर रहा हूँ। मैं आपकी सहमति लेना चाहता हूँ और चाहता हूँ कि आप 'हाँ' ही कहें, 'न'

नहीं।' प्रधानमंत्री से बात होने के बाद कलाम समझ ही नहीं पाए कि अचानक ये क्या घट रहा है। इसके बाद उन्होंने अपना निर्णय सुनाने के लिए वाजपेयीजी से दो घंटे का समय माँगा। इसी बीच उन्होंने अपने घनिष्ठ मित्रों व संबंधियों से इस विषय पर बात की। कइयों ने उन्हें राय दी कि उन्हें अध्यापन को भटकाना नहीं चाहिए। अध्यापन उनका जुनून है। ऐसे में राजनीति को चुनने से मुश्किलें उत्पन्न हो जाएँगी। कइयों ने यह सुझाव दिया कि राजनीति में आने पर उनके पास भारत-2020 के सपने को राष्ट्र की संसद् के सामने रखने का स्वर्णिम अवसर होगा। ऐसे में देश को उनकी जरूरत है। अब फैसला कलाम को करना था। उन्होंने एकांत में गंभीरता से विचार किया और यह निर्णय लिया कि देश के राष्ट्रपति पद पर विराजमान होने के बाद वे देश को प्रगति के पथ पर ले जाने में अधिक सक्षम हो जाएँगे। यह सोचकर उन्होंने वाजपेयीजी को अपना निर्णय 'हाँ' में सुनाया।

कुछ ही देर बाद यह खबर आग की तरह पूरे देश में फैल गई। कलाम की सुरक्षा बढ़ा दी गई और लोगों का उनके पास जमघट लगना शुरू हो गया।

□

शपथ ग्रहण समारोह में बच्चे

डॉ. ए.पी.जे. अब्दुल कलाम भारी मतों से 18 जुलाई, 2002 को विजयी घोषित किए गए। शपथ ग्रहण समारोह 25 जुलाई को आयोजित किया गया। इस समारोह में आमंत्रित व्यक्तियों की सूची बनाना एक कठिन काम था। पार्लियामेंट का सेंट्रल हॉल केवल एक हजार लोगों के लिए ही पर्याप्त था। सांसदों, दोनों सदनों के अधिकारियों, नौकरशाहों तथा अन्य मंत्रियों व अतिथियों, विदा हो रहे राष्ट्रपति के.आर. नारायणन आदि को गिनने के बाद केवल 100 और लोगों को समारोह स्थल पर बुलाया जा सकता था। खींच-तानकर इस संख्या को 150 कर दिया गया। 150 लोगों में से किन को लिया जाए और किन को छोड़ा जाए, यह एक विकट समस्या थी; क्योंकि कलाम के परिवार के सदस्य ही 37 थे। सदस्यों में कलाम के पुराने भौतिक-शास्त्र के शिक्षक प्रो. चिन्नादुरै, मद्रास इंस्टीट्यूट ऑफ टेक्नोलॉजी के प्रो. के.वी. पंडालाई, रामेश्वरम मंदिर के मुख्य पुरोहित पक्षी वेंकट सुब्रह्मण्यम शास्त्रिगल, रामेश्वरम मसजिद के इमाम नूरुल खुदा, रामेश्वरम चर्च के रिवरेंड ए.जी. लियोनार्ड, विख्यात नेत्र चिकित्सा विशेषज्ञ डॉ. जी. वेंकटस्वामी, जिन्होंने अरविद नेत्र संस्थान की नींव रखी आदि आमंत्रित थे। अनेक प्रसिद्ध उद्योगपति, पत्रकार व निजी मित्रगणों को भी इस समारोह के लिए आंमत्रित करने का प्रस्ताव था। इन सबको चुनने के बाद कलाम ने देश के विभिन्न राज्यों से सौ बच्चों को भी इस समारोह का हिस्सा बनने के लिए सादर आमंत्रित किया। स्कूली बच्चों के लिए विशेष इंतजाम किए गए। इस प्रकार देश के ग्यारहवें राष्ट्रपति के शपथ समारोह में विभिन्न धर्मों के लोगों एवं बच्चों ने उपस्थित होकर धर्मनिरपेक्ष भारत का एक खूबसूरत नजारा प्रस्तुत किया। शपथ

ग्रहण समारोह में विभिन्न धर्मों के लोगों की उपस्थिति, बच्चों का आकर्षण मानो पूरे विश्व को यह संदेश दे रहा था कि भारत जैसे धर्मनिरपेक्ष राष्ट्र में अब राष्ट्रपति पद पर विज्ञान और कला के संगम डॉ. कलाम की नियुक्ति हुई है। अब वह दिन दूर नहीं, जब प्रौद्योगिकी, विज्ञान, कला और राजनीति में भारत अपनी एक नई पहचान बनाएगा।

□

मंत्रिमंडल के पद को अस्वीकारा

यह प्रसंग उस समय का है, जब वर्ष 1998 में अटलबिहारी वाजपेयी देश के प्रधानमंत्री पद पर विराजमान हुए। वे डॉ. कलाम की प्रतिभा एवं योग्यता से परिचित थे। एक दिन आधी रात के समय उन्होंने डॉ. कलाम को फोन किया। कलाम के फोन उठाते ही वे बोले, 'हम मंत्रिमंडल की सूची तैयार कर रहे हैं और आपको भी मंत्रिमंडल में शामिल करना चाहते हैं। आप प्रात: 9 बजे मुझसे इस संदर्भ में आकर मिलें।' इसके बाद फोन रख दिया गया। कलाम असमंजस में पड़ गए। उनके पास समय कम था, इसलिए उन्होंने आधी रात में ही अपने कुछ प्रिय मित्रों एवं संबंधियों से इस संदर्भ में विचार किया। काफी विचार-विमर्श के बाद यह राय बनी कि कलाम उस समय देश के लिए दो राष्ट्रीय स्तर के महत्त्वपूर्ण प्रोजेक्ट तैयार करने में पूरी तरह व्यस्त थे और अपनी मंजिल पर पहुँचने वाले थे। ऐसे में उन प्रोजेक्टों को अधूरा छोड़कर राजनीति में जाना किसी भी तरह उचित नहीं था। कलाम ने इस निर्णय को स्वीकार किया और अगले दिन प्रात: प्रधानमंत्री के आवास पर पहुँच गए। प्रधानमंत्री ने कलाम को अपने पास बिठाया। सामान्य वार्त्तालाप होता रहा।

इसके बाद डॉ. कलाम बोले, 'सर, इस समय मैं और मेरी टीम दो महत्त्वपूर्ण कार्यक्रमों पर काम कर रहे हैं।'

यह सुनकर अटलबिहारी वाजपेयी उत्सुकता से बोले, 'मुझे भी बताइए, वे काम कौन से हैं?'

कलाम बोले, 'इनमें एक काम तो 'अग्नि' मिसाइल की तैयारी का है। दूसरा परमाणु कार्यक्रम से जुड़े कई परीक्षणों की अंतिम तैयारी, जो डी.ए.ई. के साथ

मिलकर किए जाने हैं। सर, मैं समझता हूँ कि यदि इन दोनों कार्यक्रमों पर मैं अपना पूरा समय दूँगा तो उससे राष्ट्र का बड़ा हित सिद्ध होगा। कृपया मुझे इसे जारी रखने दें।'

कलाम की बातें सुनकर वाजपेयीजी बोले, 'मैं आपकी भावनाओं की प्रशंसा करता हूँ। ईश्वर आपको सफल करें!' इस तरह मंत्रिमंडल के पद को अस्वीकार करने के बाद कलाम अपने पथ पर बढ़ते रहे। कुछ ही समय बाद 'अग्नि' मिसाइल प्रक्षेपण के लिए तैयार हुआ और पाँच परमाणु परीक्षण एक के बाद एक किए गए। इस तरह भारत परमाणु 'शस्त्र' संपन्न राष्ट्र बन गया।

□

युवाओं को समर्पित पुस्तक

एक बार डॉ. कलाम युवाओं से बातें कर रहे थे। वे अकसर वक्त मिलते ही बच्चों व युवाओं के बीच बैठना पसंद करते थे। उनका मानना था कि युवा एवं बच्चे अपने मस्तिष्क एवं ऊर्जा का प्रयोग करके विभिन्न नए-नए आविष्कार एवं चुनौतियों को पूर्ण कर देश को विकास के पथ पर प्रशस्त कर सकते हैं। अकसर युवा उन्हें घेर कर बैठ जाते और उनसे अपनी जिज्ञासाएँ एवं समस्याएँ पूछते। एक युवा बोला, 'सर, मेरा मन बहुत कुछ करने को करता है; लेकिन मेरे साथ समस्या यह है कि मैं किसी भी काम को टिककर नहीं कर पाता। इस कारण मुझे कार्य में सफलता भी नहीं मिलती।'

उसकी बात सुनकर डॉ. कलाम मुसकराते हुए बोले, 'बेटा, इसके लिए तुम अपनी ऊर्जा को एकाग्र करो। जिस समय जो काम कर रहे हो, पूरी तरह उसमें रम जाओ। अपने ध्यान को केवल उसी काम में लगाओ, जो तुम कर रहे हो। जैसे यदि तुम पढ़ रहे हो तो किताबों के शब्दों में खो जाओ, पूरा रस लेकर पुस्तक के उद्देश्य और पाठ को पढ़ो।'

यह सुनकर दूसरा युवा बोला, 'सर, मैं बड़ा होकर वैज्ञानिक बनना चाहता हूँ; लेकिन मैं बेहद गरीब हूँ। मेरे माता-पिता मेरी महँगी शिक्षा का खर्च वहन नहीं कर सकते। ऐसे में मैं क्या एक वैज्ञानिक बन पाऊँगा?'

उसकी बात सुनकर कलाम बोले, 'बेटा, यदि व्यक्ति में योग्यता है तो निर्धनता उसे बाँधकर नहीं रख सकती। इस बात को मैं तुम्हें इस तरह बताता हूँ—क्या सागर की लहरों को कभी मार्ग में आनेवाले पत्थर रोक पाते हैं?'

सभी एक साथ बोले, 'नहीं।'

कलाम बोले, 'मुझे बताओ कि सागर की लहरों को सामने आनेवाले पत्थर क्यों नहीं रोक पाते ?'

बच्चे बोले, 'सर, लहरों का बहाव अधिक तेज होता है। ऐसे में लहरें पत्थरों को पीछे छोड़कर आगे बढ़ जाती हैं।'

उनकी बातों को सुनकर कलाम बोले, 'बिल्कुल सही। बच्चो, इसी तरह तुम अपने अंदर यह भाव जगाओ कि मैं सबकुछ कर सकता हूँ।···' यह भाव तुम्हें लक्ष्य तक पहुँचने में मदद करेगा।' इसके बाद युवाओं की समस्याओं का समाधान करने के साथ ही उनके मस्तिष्क में यह बात आई कि क्यों न युवाओं को प्रेरित करने के लिए एक पुस्तक लिखी जाए। इस तरह उन्होंने 'इग्नाइटेड माइंड्स' लिखी। इस पुस्तक को असाधारण सफलता मिली और यह पुस्तक स्थायी रूप से बिकनेवाली पुस्तक के रूप में प्रसिद्ध हो गई।

□

स्वप्न क्यों देखें

एक बार डॉ. कलाम बच्चों के बीच बैठे हुए थे। वे बहुत व्यस्त रहते थे। ऐसे में उन्हें जो भी समय मिलता था, वे उसे बच्चों के बीच बिताना पसंद करते थे। एक बच्चा उनसे बोला, 'सर, आप हमेशा यह कहते हैं कि हम स्वप्न देखें। क्या स्वप्न देखने से वास्तव में वे सच हो जाते हैं?'

बच्चे की बात सुनकर कलाम मुसकराते हुए बोले, 'बिल्कुल बेटा! स्वप्न हमेशा सच होते हैं। बस, उसके लिए तुम्हें संघर्ष और मेहनत करनी होती है।'

इस पर दूसरा बच्चा बोला, 'सर, आप हमें कुछ ऐसे व्यक्तियों के बारे में बताइए न, जिनके देखे हुए स्वप्न हकीकत में सत्य साबित हुए।'

इस पर कलाम बोले, 'बच्चो, ऐसे बहुत सारे लोग हैं जिनके देखे हुए स्वप्न सत्य साबित हुए। मैं तुम्हें कुछ के बारे में बताता हूँ। तुम सबने प्रसिद्ध कवि सैम्युअल टेलर के बारे में सुना होगा। उनका कहना था कि उन्हें अपनी रचना 'कुबला खान' का एक-एक शब्द सपने में दिखाई दिया था। सपने के अनुसार ही उन्होंने उसे रचा और वह पुस्तक साहित्य जगत् में छा गई। इसी तरह भारतीय गणितज्ञ श्रीनिवास रामानुजन का दावा था कि उनकी सारी महत्त्वपूर्ण खोजें सपनों में दिखाई दी थीं। यहाँ तक कि एक अध्ययन में भी यह बात सामने आई कि सपने सफलता दिलाने में वरदान सिद्ध हुए हैं। 'द कमेटी ऑफ स्लीप' के लेखक डीरड्रे बैरेट ने 83 नोबेल पुरस्कार विजेताओं पर एक रोचक अध्ययन करके यह बताया कि 72 नोबेल पुरस्कार विजेताओं ने अपनी सफलता का श्रेय सपनों को दिया। सपनों में देखे गए प्रतीक, छवि और घटनाओं को सूक्ष्मता से याद रखा जाए तो ये रचनात्मकता को बेहतर बनाने में महत्त्वपूर्ण भूमिका निभाते हैं।'

इस पर एक अन्य बच्चा बोला, 'सर, क्या वास्तव में व्यक्ति के कार्य उसे सपने में दिखाई देते हैं?'

कलाम बोले, 'हाँ, वास्तव में दिखाई देते हैं; किंतु ऐसा केवल तब होता है जब व्यक्ति तन-मन-धन से अपने कार्य को पूरा करने में लगा हुआ होता है। ऐसे में, सपनों में भी वह अपने कार्य में ही खोया रहता है।'

एक बच्चे की जिज्ञासा अत्यंत बढ़ गई। वह बोला, 'पर सर, जो हल हमें वास्तव में नहीं नजर आते, वे एकाएक सपने में कैसे दिख जाते हैं?'

कलाम मुसकराकर बोले, 'बेटा, तुमने बहुत अच्छा प्रश्न किया है। दरअसल सपने देखते समय समय नियंत्रण, तर्कपूर्ण निर्णय और ध्यानवाली क्रियाएँ निष्क्रिय होती हैं; जबकि संवेदी और भावनात्मक हिस्से सक्रिय रहते हैं। इसी कारण व्यक्ति अपनी बड़ी परेशानी और समस्या का हल सपनों में ढूँढ़ लेते हैं।'

अपनी जिज्ञासा का समाधान पाकर सभी बच्चे बोले, 'फिर तो हम सपने देखेंगे और उन्हें पूरा करके अपने देश का नाम रोशन करेंगे।'

बच्चों की बातें सुनकर डॉ. कलाम चिर-परिचित मुसकान के साथ मुसकराने लगे।

□

प्राकृतिक आपदा में मदद

डॉ. कलाम मानवीयता से ओत-प्रोत थे। वे हमेशा से भारत को शीर्ष पर देखना चाहते थे और इसके लिए स्वयं जी-जान से प्रयासरत थे। यदि उन्हें भारत के किसी भी कोने से यह समाचार प्राप्त होता कि कोई क्षेत्र आपदा या अन्य समस्या से ग्रस्त है तो तुरंत वे अपने डी.आर.डी.ओ (रक्षा अनुसंधान एवं विकास संगठन) से वहाँ पर मदद भिजवा देते। उन्होंने डी.आर.डी.ओ. के महानिदेशक एवं रक्षा मंत्री के सचिव के रूप में कई बार प्राकृतिक आपदाओं के समय मदद पहुँचाने का कार्य किया। एक बार रक्षा मंत्रालय के वित्तीय सलाहकार ने कलाम से कहा, 'सर, डी.आर.डी.ओ. के बजट को ऐसे उद्देश्यों के लिए प्रयोग में नहीं लाया जा सकता। प्राकृतिक आपदा के समय पीड़ित लोगों की देखभाल व बचाव की जिम्मेदारी सरकार और अन्य स्वयंसेवी संगठनों की है।'

यह सुनकर कलाम बोले, 'यह मायने नहीं रखता कि बजट में क्या शामिल था? मानवीय आधार पर लोगों की रक्षा के लिए डी.आर.डी.ओ. को तत्काल राहत पहुँचाने हेतु विभिन्न क्षेत्रों में विशेषज्ञता प्राप्त करनी चाहिए और उसे लोगों को लाभ पहुँचाने के लिए उपयोग में लाना चाहिए। फिर, आप यह क्यों नहीं सोचते कि डी.आर.डी.ओ. भी ऐसे समय में अपनी मदद पहुँचाकर एक नेक कार्य में भागीदार बनता है; और फिर, आपदा कभी भी कहकर नहीं आती। वह कहीं भी किसी के साथ भी आ सकती है। हम भी उसकी चपेट में आ सकते हैं। ऐसे में, जब हम स्वस्थ व सुविधाओं के होते हुए आपदाग्रस्त लोगों की मदद के लिए आगे नहीं आएँगे तो फिर हम उनसे कैसे मदद की आशा कर सकते हैं?'

यह सुनकर वहाँ उपस्थित सभी लोग चुप हो गए। वे सभी डॉ. कलाम

की राय से सहमत हो गए। इसके बाद कलाम ने जलेश्वर (उड़ीसा) के तूफान, गुजरात के चक्रवात, चमोली के भूकंप, मालपा के भूस्खलन, उड़ीसा के भयंकर चक्रवात, गुजरात (भुज) के भूकंप तथा लातूर (महाराष्ट्र) के भूकंप में अपनी उल्लेखनीय सेवाएँ प्रदान कीं। उस दौरान कलाम की सक्रियता से किए गए राहत कार्यों को आज भी याद किया जाता है।

□

लाइटनिंग रॉड

डॉ. कलाम ने रक्षा मंत्रालय में अपनी सूझ-बूझ एवं तर्कसंगत निर्णयों व कार्य से सभी के बीच गहरी पैठ बना ली थी। रक्षा मंत्रालय में अनेक कार्य ऐसे होते थे, जब वैज्ञानिक व अधिकारी असमंजस में पड़ जाते थे। कई बार ऐसा हुआ कि डॉ. कलाम के सामने जब समस्या को रखा गया तो उन्होंने अधिकतर समस्या का हल निकाल दिया। लोक लेखा समिति या संसद् की स्थायी समिति की बैठक में रक्षा मंत्रालय के अधिकारी अधिकतर कलाम को अपने साथ लेकर जाते थे। एक बार कलाम से उन्होंने बैठक में चलने का निवेदन किया। कलाम उस समय कोई जरूरी कार्य कर रहे थे। कलाम बोले, 'आप लोगों को थोड़ा सा इंतजार करना होगा। मैं अपनी एक खोज के बहुत करीब हूँ। यदि इसे बीच में छोड़ दिया तो मुश्किल हो जाएगी।'

यह सुनकर अधिकारी बोले, 'कोई नहीं सर। आप अपने कार्य को आराम से करिए। हम तब तक कुछ देर आपके यहाँ विश्राम कर लेते हैं।'

कलाम अपना कार्य करते रहे और अधिकारी वहीं बैठे उन्हें देखते रहे। कुछ देर में उनका कार्य समाप्त हो गया। वे बोले, 'चलिए, आखिर मैंने अपने लक्ष्य को प्राप्त कर लिया। किंतु इसी बीच हम बैठक के लिए लेट तो नहीं हो गए हैं।'

दूसरा अधिकारी बोला, 'नहीं सर, अभी समय है। दरअसल हम आपके पास समय से काफी पहले ही पहुँच गए थे। हमें ज्ञात है कि आप बहुत व्यस्त रहते हैं।' दूसरे अधिकारी बोले, 'हम आपको लिये बिना बैठक में जाना नहीं चाहते थे।'

उन सबकी बातें सुनकर कलाम बोले, 'अरे, ऐसी भी क्या बात है! आप मेरे बिना भी बैठक में जा सकते थे।'

अधिकारी बोले, 'सर, दरअसल कई बार बैठकों में ऐसे प्रश्नों की बौछार-सी होने लगती है, जिनका जवाब उस समय नहीं सूझता और हमने देखा है कि आप उस समय भी तर्क व बुद्धि का परिचय देते हुए हर प्रश्न का सामना धैर्य के साथ करते हैं।'

यह सुनकर दूसरे अधिकारी बोले, 'सर, सच कहें तो आप रक्षा मंत्रालय के लिए उस लाइटनिंग रॉड की तरह हो गए हैं, जो सभी झटके झेलकर इमारत को सुरक्षित रखती है।'

यह सुनकर सभी हँस पड़े। कलाम के चेहरे पर भी मुसकराहट आ गई।

□

ई-गवर्नेंस की शुरुआत

डॉ. कलाम को उनकी योग्यता, तर्क-बुद्धि एवं कौशल के कारण देश के ग्यारहवें राष्ट्रपति के रूप में नियुक्त किया गया। कलाम कला एवं विज्ञान के पुजारी थे। उनकी वैज्ञानिक नजरें बेहद पारखी थीं। वैज्ञानिक नजरिए का प्रयोग उनके राष्ट्रपति के शासनकाल में बेहद उपयोगी सिद्ध हुआ। उन्होंने कार्यभार सँभालते ही इस बात को महसूस किया कि राष्ट्रपति भवन में ई-गवर्नेंस, यानी इलेक्ट्रॉनिक्स शासन-प्रणाली की शुरुआत होनी चाहिए। उनके इस निर्णय को सुनकर अधिकारियों ने उनसे इस संदर्भ में राय माँगी। वे बोले, 'सर, ई-गवर्नेंस को बेहतर बनाने के लिए आप सुझाव दीजिए।'

डॉ. कलाम बोले, 'राष्ट्रपति सचिवालय में आनेवाले सभी पत्र, फाइलों और दस्तावेज को स्कैन करके उन्हें इलेक्ट्रॉनिक रूप में बदल दीजिए और प्रत्येक पर बार कोड अंकित कीजिए, ताकि वह कंप्यूटर की पहचान में रहें। जब सारे पत्र, फाइलें और सरकारी अभिलेख रिकॉर्ड में चले जाएँ तो उनके महत्त्व के अनुसार उन्हें संबंधित अधिकारियों, निदेशकों और सरकारी विभागों तक या राष्ट्रपति के पास केवल कंप्यूटर के माध्यम से भेजा जाए।' उनकी इस बात को नोट किया गया और तुरंत ही इस पर कार्य आरंभ हो गया। कलाम ने उन्हें यह भी कहा कि मैं चाहता हूँ कि राष्ट्रपति भवन, प्रधानमंत्री का कार्यालय, राज्यपालों के कार्यालय और विभिन्न मंत्रालय एक सुरक्षित संचार-तंत्र से जुड़ जाएँ, जिसके जरिए इलेक्ट्रॉनिक हस्ताक्षर तथा ई-गवर्नेंस सँभालने की क्षमता हो।' इसके बाद ई-गवर्नेंस का यह तरीका राष्ट्रपति सचिवालय के नौ विभागों में लागू किया गया और उसके सकारात्मक परिणाम सामने आए। पहले जब जनता की अर्जियाँ जन-1

विभाग में पहुँचती थीं तो बीस अर्जियों के निपटारे में सात दिन का समय लगता था। इस ई-गवर्नेंस के लागू होने के बाद केवल पाँच घंटों में चालीस अर्जियों का निपटारा होने लगा। इस तरह राष्ट्रपति डॉ. ए.पी.जे. अब्दुल कलाम के ई-गवर्नेंस के सुझाव को बेहद पसंद किया गया। अब ई-गवर्नेंस का कार्य तेजी से चल रहा है, ताकि कठिन कार्यों को भी सरलता से निपटाया जा सके और सभी कागजों का रिकॉर्ड एक स्थान पर सुरक्षित हो सके।

□

विकास के दस स्तंभ

डॉ. कलाम का स्वप्न वर्ष 2020 तक विकसित भारत को देखने का था। एक बार इसी संदर्भ में मीटिंग चल रही थी। महत्त्वपूर्ण कार्यालयों के अधिकारी वहाँ पर बैठे हुए थे। सभी ने देश के विकास के संदर्भ में अपनी-अपनी राय दी। डॉ. कलाम के विचारों का सभी बेसब्री से इंतजार कर रहे थे। डॉ. कलाम ने अपनी नोट बुक निकाली और बोले, 'मैंने देश की विकास दर बढ़ाने के लिए दस स्तंभ बनाए हैं, जिन्हें मैं आप सबके सामने रखना चाहता हूँ। वे इस प्रकार हैं—

1. एक राष्ट्र, जिसमें ग्रामीण और शहरी क्षेत्रों के बीच का अंतर कम से कमतर हो जाए।
2. एक राष्ट्र, जिसमें ऊर्जा और अच्छे पानी का पर्याप्त व सुचारु वितरण हो।
3. एक राष्ट्र, जिसमें कृषि, उद्योग और सेवा के क्षेत्र एक साथ एक सुर में काम करें।
4. एक राष्ट्र, जिसमें मूल्य, आधारित शिक्षा से किसी मेधावी प्रत्याशी को सामाजिक व आर्थिक आधार पर वंचित न किया जाए।
5. एक राष्ट्र, जो योग्य छात्रों, वैज्ञानिकों और निवेशकों को अपने लिए सर्वश्रेष्ठ लगे।
6. एक राष्ट्र, जिसमें अच्छी चिकित्सा सुविधा सबको उपलब्ध हो।
7. एक राष्ट्र, जिसमें प्रशासन और प्रबंधन संवेदनशील, पारदर्शी और भ्रष्टाचार से मुक्त हो।
8. एक राष्ट्र, जिसमें गरीबी न हो, निरक्षरता न हो, स्त्रियों और बच्चों के

प्रति अपराध न हो और समाज का कोई भी वर्ग अलगाव महसूस न करे।

9. एक राष्ट्र, जो समृद्ध, स्वस्थ, सुरक्षित, शांतिमय एवं प्रसन्न हो तथा ऐसे विकास के रास्ते पर चल रहा हो, जो सँजोए रखा जा सकता हो।
10. एक राष्ट्र, जो रहने के लिए सर्वश्रेष्ठ हो और जिसे अपने नेतृत्व पर गर्व हो।

अपने ये सुझाव रखने के बाद डॉ. कलाम चुप हो गए। उनके चुप होते ही करतल-ध्वनियों से बैठक कक्ष गूँज उठा। इसके बाद सबने दृढ निश्चय किया कि देश को विकसित बनाने के लिए प्रत्येक व्यक्ति को हरसंभव योगदान प्रदान करना ही होगा। इन्हीं विकास स्तंभों को ध्यान में रखकर देश को प्रगति के पथ पर प्रशस्त किया जा सकता है।

□

लंबित मुकदमों का निपटारा

एक बार डॉ. कलाम को अखिल भारतीय सेमिनार में बोलने के लिए आमंत्रित किया गया। विषय था—'अदालतों में लंबित मुकदमों के निपटारों के जरिए न्याय तंत्र में सुधार'। कलाम ने इस बारे में गहनता से पढ़ा। उन्होंने इस संदर्भ में सुझाव देते हुए कहा कि, 'लंबित मुकदमों के निपटारे के लिए लिटिगेशन पेंडेंसी क्लियरेंस मिशन' के तहत कार्य किए जाएँ। इस मिशन से मेरा आशय लंबित मुकदमों को तेजी से निपटाने का संकल्प लेने का है।' सभी व्यक्ति उनकी इस बात से सहमत हो गए, क्योंकि लंबित मुकदमों के कारण प्रभावी व्यक्तियों को बहुत परेशानी और तनाव का सामना करना पड़ता था।

वहाँ उपस्थित एक व्यक्ति बोले, 'सर, आपको क्या लगता है कि हमारे यहाँ देर से न्याय मिलने के क्या कारण हैं?'

व्यक्ति का प्रश्न सुनकर कलाम कुछ देर विचारणीय मुद्रा में रहे। कुछ सोचकर वे बोले, 'मेरे विचार में—देर से न्याय मिलने के कई कारण हैं; जैसे—अपर्याप्त न्यायालय, अपर्याप्त न्यायिक अधिकारी, न्यायिक अधिकारियों के पास संसाधनों व सूचनाओं की कमी, आरोपियों एवं उनके वकीलों द्वारा दस्तावेज देने में देरी और इस तरह तारीख टालना एवं न्यायालय में प्रशासन की भूमिका।'

यह सुनकर एक अन्य व्यक्ति बोले, 'सर, विवादों के निपटारे को शीघ्र करने के लिए आपके पास कोई सुझाव है?'

कलाम बोले, 'मेरे पास कुछ सुझाव तो हैं। मसलन विवादों के निपटारे मानवीय सोच के आधार पर किए जाएँ। लोक अदालतों को और सशक्त बनाया जाए। एन.एल.पी.सी. की शुरुआत, विवादों के हल की वैकल्पिक विधि समझौते

और फास्ट ट्रैक कोर्ट का गठन किया जाए। इससे मामले लंबित नहीं होंगे।'

सेमिनार में अधिकतर वकील थे। उन्होंने उनके इन बिंदुओं को नोट किया। एक वरिष्ठ अधिवक्ता बोले, 'सर, आपके सुझाव सटीक हैं। फिलहाल यह बताइए कि लंबित मुकदमों को सरलता से कैसे निपटाया जाए?'

डॉ. कलाम बोले, 'लंबित मुकदमों को उनके लंबित समय के आधार पर श्रेणीबद्ध किया जाए और उन मुकदमों की पहचान की जाए, जिनमें वर्तमान पीढ़ी के प्रतिनिधि मुकदमे को आगे बढ़ाने में रुचि नहीं रखते हों।'

अधिवक्ताओं ने इन सभी सुझावों को नोट कर लिया। सेमिनार में इलेक्ट्रॉनिक न्याय व्यवस्था लागू करने के बारे में भी विचार किए गए। इस तरह यह सेमिनार काफी सफल रहा और डॉ. कलाम के सुझावों को बहुत सराहा गया।

□

न्यायिक व्यवस्था के लिए सुझाव

डॉ. कलाम ने 'अदालतों में लंबित मुकदमों के निपटारों के जरिए न्याय तंत्र में सुधार' विषय पर अपने सुझाव दिए थे। सेमिनार से लौटने के बाद उन्होंने इस संदर्भ में गंभीरता से अध्ययन किया और पाया कि हमारी न्यायिक व्यवस्था में अनेक खामियाँ हैं। यदि उन्हें दूर कर लिया जाए तो हमारे देश की न्यायिक व्यवस्था बहुत अच्छी हो सकती है। इसके लिए उन्होंने कहा, 'मैंने हमारे देश की न्यायिक व्यवस्था के बारे में पढ़कर नौ सुझाव ऐसे बनाए हैं, जिनमें से यदि कुछ पर भी गंभीरता से कार्य किया जाए तो हमारी न्याय व्यवस्था को बहुत लाभ पहुँच सकता है।' उनकी इस बात को सुनकर अधिवक्ताओं ने उनसे न्यायिक व्यवस्था के नौ सुझाव जानने चाहे। डॉ. कलाम ने कहा—

1. न्यायाधीश और बार के सदस्य इस बात पर गंभीरता से विचार करें कि इसकी एक सीमा निर्धारित हो जानी चाहिए कि किसी मुकदमे को कितनी बार तारीख दी जा सकती है।
2. ई-जूडिशियरी की प्रणाली सभी अदालतों में लागू होनी चाहिए।
3. मुकदमों को उनके तथ्यों और संबंधित कानून के अनुसार वर्गीकृत किया जाए।
4. विशेष शाखाओं, जैसे सेना के कानून, सेवा के मामले, टैक्स, साइबर कानून आदि के मामलों के लिए इन क्षेत्रों के विशेषज्ञों को बतौर जज नियुक्त किया जाए।
5. सभी यूनिवर्सिटीज में कानूनी शिक्षा के स्तर में सुधार हो और उन्हें विदेशों के लॉ स्कूलों के स्तर पर लाया जाए।

6. अनावश्यक कारणों पर तारीख बढ़ाने और झूठे मुकदमे दायर करने पर भारी दंड की व्यवस्था हो।
7. जिला और उच्च न्यायालयों के जज भी सर्वोच्च अदालत को सुझाया मॉडल अपनाएँ और निपटाए जानेवाले मुकदमों की संख्या उसके अनुसार बढ़ाएँ। इसको पूरा करने के लिए सामान्य दिनों में और शनिवार को अतिरिक्त घंटे स्वैच्छिक रूप से काम करें।
8. अदालतों में एक से अधिक सत्र चलाए जाएँ, जिनके समय में अंतर हो। इससे क्षमता का बेहतर उपयोग होगा, अतिरिक्त जन-शक्ति मिलेगी, बेहतर प्रबंधन होगा।
9. एन.एल.पी.सी. का गठन दो वर्ष के लिए किया जाए, जिसमें वह समयबद्ध ढंग से लंबित मुकदमों का निपटारा करे।

डॉ. कलाम के इन सुझावों पर न्यायिक तंत्र ने विचार किया है और इन्हें धीरे-धीरे लागू करना भी शुरू कर दिया है।

□

जवानों की गरमजोशी

डॉ. कलाम को उनकी योग्यता एवं तर्कबुद्धि के आधार पर गैर-राजनीतिक परिवेश के बावजूद देश के राष्ट्रपति पद पर विभूषित किया गया। देश का राष्ट्रपति सशस्त्र सेना का सर्वोच्च कमांडर होता है। उसी क्षमता के कारण डॉ. कलाम यह जानने के लिए बेहद उत्सुक थे कि हमारे सेनानी किस परिवेश में काम करते हैं, उनकी तैयारी का स्तर क्या है, उनकी समस्याएँ और कठिनाइयाँ क्या हैं? इसी जिज्ञासावश उन्होंने थलसेना, नौसेना और वायुसेना की इकाइयों में जाने का निर्णय लिया। सबसे पहले वे थलसेना का निरीक्षण करने के लिए 2 अप्रैल, 2004 को सियाचिन ग्लेशियर की कुमार चौकी पर उतरे। यह चौकी समुद्र तल से 7,000 मीटर की ऊँचाई पर स्थित है। उस समय वहाँ पर बर्फबारी हो रही थी। तापमान शून्य से 35 डिग्री सेल्सियस नीचे था और तेज हवा चल रही थी। जब डॉ. कलाम फील्ड स्टेशन पर पहुँचे तो वहाँ पर तीन जवान तैनात थे। वे तीन जवान थे—नाइक, जो कर्नाटक से थे; विलियम पश्चिम बंगाल से थे और सलीम उत्तर प्रदेश के रहने वाले थे। इन तीनों जवानों ने बेहद गरमजोशी से अपने देश के राष्ट्रपति महामहिम डॉ. ए.पी.जे. अब्दुल कलाम से हाथ मिलाया। जवानों को गरमजोशी से हाथ मिलाते देख डॉ. कलाम मुसकराकर बोले, 'आप लोगों के हाथ मिलाने की गरमजोशी से मौसम की सर्दी दूर हो गई है। मुझे आप लोगों को देखकर यह भरोसा हो गया है कि हमारा राष्ट्र आप जैसे उन सिपाहियों के हाथों में सुरक्षित है, जो भिन्न-भिन्न धर्मों के होकर धर्मनिरपेक्षता और मानवीयता का परिचय देते हुए तन-मन से अपनी मातृभूमि की सेवा में रत हैं।'

डॉ. कलाम के इन शब्दों से तीनों जवान अभिभूत हो गए। वे बोले,

‘महामहिम, इन कठिन परिस्थितियों में इस स्तर का विश्वास बनाए रखने के लिए हमें आप ही की तरह का असाधारण नेतृत्व चाहिए।’

जवान के इन शब्दों को सुनकर कलाम बोले, ‘आप निश्चिंत रहें, आपको असाधारण नेतृत्व मिलता रहेगा।’ इसके बाद वे प्रसन्न मन से वहाँ से लौट आए।

□

समुद्र की सतह के नीचे

डॉ. कलाम थलसेना का निरीक्षण करने के बाद नौसेना एवं वायुसेना की गतिविधियों को भी करीब से देखना चाहते थे। इसके लिए उन्होंने 13 फरवरी, 2006 को भारतीय नौसेना की पनडुब्बी 'आई.एन.एस. सिंधु रक्षक' से समुद्र की सतह से नीचे की यात्रा की। पनडुब्बी ने करीब 30 मीटर नीचे गोता लगाया। उसके बाद सीधे आगे जाने लगी। वहाँ पर डॉ. कलाम ने कंट्रोल रूम को करीब से देखा। वहाँ पर उन्हें पनडुब्बी के काम करने के ढंग के बारे में बताया गया। नौसेना के एक अधिकारी ने बताया कि किस प्रकार पनडुब्बी चलती है, घूमती है और पानी में तैरती है। पनडुब्बी के बारे में जानकर कलाम रोमांचित हो गए। उस समय डॉ. कलाम के साथ नौसेना के प्रमुख एडमिरल अरुण प्रकाश और युवा अधिकारी व नाविक उपस्थित थे। पनडुब्बी के क्रम को आगे बढ़ाते हुए अधिकारियों ने उन्हें बताया कि किस प्रकार समुद्र की सतह के नीचे होनेवाली संचार व्यवस्था को कंट्रोल किया जाता है और लक्ष्य पर निशाना साधा जाता है। वहाँ पर डॉ. कलाम को नौसेना की सभी गतिविधियों को मौखिक रूप से दरशाने के सभी प्रबंध किए गए थे। कुछ ही देर बाद एक तारपीडो (समुद्री प्रक्षेपास्त्र) छोड़कर एक नकली मुठभेड़ के जरिए सामरिक क्षमता का प्रदर्शन किया गया। तारपीडो ने मारकर लौटने की अद्‍भुत क्षमता का प्रदर्शन किया।

यह सब देखकर डॉ. कलाम बोले, 'पानी के भीतर युद्ध शैली तो अत्यंत जटिल प्रक्रिया है।'

यह सुनकर युवा अधिकारी बोले, 'जी सर, पानी के भीतर युद्ध करते समय

बेहद सतर्क एवं चौकन्ना रहना पड़ता है। तेज नजरें और सक्रियता इस युद्ध की अनिवार्यता है।'

डॉ. कलाम ने अधिकारियों व नाविकों से भिन्न-भिन्न तरह की बातें सुनीं। उस दिन डॉ. कलाम अपनी इस यात्रा के दौरान लगभग 90 अधिकारियों एवं नाविकों से मिले। सब अपने-अपने कामों में व्यस्त थे। समुद्र के अंदर ही डॉ. कलाम को शुद्ध एवं स्वादिष्ट शाकाहारी भोजन प्रदान किया गया। भोजन के बाद उन्हें नौसेना की पनडुब्बियों के अगले तीस वर्षों की योजना के बारे में बताया गया। डॉ. कलाम ने तीन घंटे वहाँ पर बिताए और वे नौसेना का एक यादगार अनुभव लेकर रोमांचित होकर वहाँ से लौटे।

□

सुखोई में एक उड़ान

डॉ. कलाम थलसेना एवं नौसेना का निरीक्षण करके बेहद प्रसन्न थे। अब उनकी अभिलाषा वायुसेना का निरीक्षण करने की थी। आखिर उनकी यह अभिलाषा भी पूरी हो गई। 8 जून, 2006 को वे सुखाई-30 लड़ाकू विमान में बैठे। उससे एक रात पहले विंग कमांडर अजय राठौर ने उन्हें सिखाया था कि किस प्रकार उड़ान भरनी है। उन्होंने डॉ. कलाम को यह भी बताया कि किस प्रकार जहाज को उड़ाया जाता है और हथियारों को नियंत्रण में रखा जाता है। यह सब देखते व सीखते समय कलाम अपने उस समय में पहुँच गए, जब वह इंजीनियर बने थे। यह सब सोचकर कलाम ने अपनी बेल्ट कसी और सुखोई चल पड़ा। कुछ ही देर में सुखोई 7,500 मीटर यानी 25,000 फीट की ऊँचाई पर पहुँच गया। उसकी गति 1,200 कि.मी. प्रति घंटे से अधिक थी। उन्हें विंग कमांडर अजय राठौर ने कुछ घुमाव और कलाबाजियाँ दिखाईं। यह देखकर कलाम ने मन में सोचा कि लड़ाकू विमान उड़ाना एक गहरा अनुभव होता है। उस समय डॉ. कलाम ने पहना हुआ था, इस कारण वे ब्लैक आउट में जाने से बचे हुए थे। उड़ान के बीच में उन्हें विभिन्न तंत्रों को समझाने का प्रयास किया गया। इन तंत्रों को भारतीय वैज्ञानिकों ने विकसित करके विमान में विकसित किया था। डॉ. कलाम तन-मन से वैज्ञानिक थे। बचपन से ही उन्हें विज्ञान में विशेष रुचि थी। उन्होंने अपने कार्यकाल के दौरान देश के लिए महत्त्वपूर्ण मिसाइलों का निर्माण करने में उल्लेखनीय भूमिका निभाई थी। कलाम यह सब देखकर अपने वैज्ञानिक समय को स्मरण कर रहे थे कि तभी वायुसेना के एक अधिकारी ने उनका ध्यान अपनी तरफ आकर्षित किया। वह बोला, 'सर, यह देखिए, विमानों में प्रयुक्त होनेवाले

देशज कंप्यूटर, राडार, चेतावनी सूचक तथा अन्य महत्त्वपूर्ण यंत्र।'

वह सब देखकर डॉ. कलाम बेहद प्रसन्न हुए। उन्हें अधिकारियों के द्वारा यह भी बताया गया कि किस प्रकार हवा में उड़ते हुए जमीनी लक्ष्य पर, विशेष यंत्र (सिंथिटिक अपर्चर राडार) से निशाना साधा जाता है। सुखोई विमान में डॉ. कलाम ने 36 मिनट तक उड़ान भरी। वायुसेना की गतिविधियाँ देखकर वे बहुत रोमांचित हुए।

□

जेट्रोफा के पेड़

डॉ. कलाम देश का विकसित उद्‌भव देखना चाहते थे। राष्ट्रपति बनने के बाद उन्होंने इस ओर गंभीरता से ध्यान दिया। वे मानते थे कि विकसित देश के लिए हर व्यक्ति को अपने कदम खुद ही बढ़ाने होंगे। ऐसे में उन्होंने योग्य व प्रतिभाशाली व्यक्तियों को इस बात का अहसास दिलाया कि वे अपने मस्तिष्क में आनेवाले नए व उपयोगी सुझावों से सबको अवगत कराएँ, जिससे कि देश लाभान्वित हो। आए दिन उनके पास ऐसे अनेक सुझाव आते। वे स्वयं भी देश के विकास रथ पर सवार होकर नई खोजें व सुझाव तलाश रहे थे। एक दिन सभी लोग इस संदर्भ में चर्चा कर रहे थे कि आखिर किन-किन बातों व वस्तुओं के माध्यम से देश को आगे बढ़ाया जा सकता है, रोजगार के अवसर पैदा किए जा सकते हैं। इस बारे में सभी अपनी बहुमूल्य राय दे रहे थे। नवीन सुझावों को एक स्थान पर नोट किया जा रहा था, ताकि इस संबंध में चर्चा करके इस ओर ध्यान दिया जाए। डॉ. कलाम बोले, 'रोजगार के अवसर पैदा करने के लिए हमें देश में जेट्रोफा के पेड़ लगाने चाहिए।'

डॉ. कलाम की यह बात सुनकर सभी विद्वज्जन एक-दूसरे की ओर देखने लगे। यह देखकर कलाम मुसकराते हुए बोले, 'हाँ, हमें ज्यादा-से-ज्यादा जेट्रोफा के पेड़ लगाने चाहिए। मैं आप सभी को इस बारे में थोड़ा विस्तार से बताता हूँ। दरअसल जेट्रोफा एक ऐसा पेड़ है, जिसे बंजर भूमि में भी उगाया जा सकता है। यह पेड़ एक बार उग जाने पर 50 साल तक जीवित रहता है। हर साल इसमें फल आता है। इसके फल के बीज से तेल प्राप्त होता है, जो डीजल में मिलाया जाता है।' ये सारी बातें सुनकर वहाँ उपस्थित सभी लोग डॉ. कलाम की कुशाग्र बुद्धि

के आगे नतमस्तक हो गए। फिर तो सभी राज्यों ने इसे एक अभियान की तरह स्वीकार किया और लाखों हेक्टेयर जमीन में ये पेड़ रोपे गए। इतना ही नहीं, इसके बाद भारत के विशेषज्ञों ने अफ्रीका के देशों में इस पेड़ की विधि समझाई और फिर हमारे किसानों के साथ मिलकर उन्होंने यह फसल विकसित की, जिससे कि इसके माध्यम से जैविक ईंधन प्राप्त किया जा सके। इस प्रकार कलाम ने जेट्रोफा पेड़ के महत्त्व से सबको अवगत कराया।

□

ऊर्जा की आत्मनिर्भरता

डॉ. कलाम सादगी की प्रतिमूर्ति थे। वे कला और विज्ञान को अध्यात्म का संगम मानते थे। उनका सपना देश को हर तरह से आत्मनिर्भर करने का था। एक बार वे एक ऐसी सभा में उपस्थित थे, जहाँ पर ऊर्जा के संदर्भ में बातें हो रही थीं। देश में ऊर्जा की खपत अधिक थी और पैदावार कम। ऐसे में देश व नागरिकों को बेहद परेशानियों का सामना करना पड़ रहा था। विद्वज्जन इस बारे में चर्चा कर रहे थे कि किस तरह से देश में ऊर्जा को सुव्यवस्थित किया जा सकता है। एक विद्वज्जन डॉ. कलाम से बोले, 'सर, आपने तो बेहद कठिन आविष्कारों एवं मिसाइलों को अपनी तर्कबुद्धि एवं कौशल से पूर्ण किया है। ऐसे में आप ही कोई मार्ग सुझाइए न, जिससे कि हमारा देश ऊर्जा के मामले में आत्मनिर्भर हो सके।'

अधिकारी की बात सुनकर कलाम बोले, 'मैं अभी इसी बारे में सोच रहा था। मुझे लगता है कि हमारा देश वर्ष 2030 तक 55,000 मेगावाट बिजली सौर ऊर्जा प्लांट से तैयार करने की व्यवस्था कर सकता है। इसके लिए भारत के ऊर्जा परिदृश्य को समग्र दृष्टि से देखे जाने की जरूरत है।' तभी दूसरे अधिकारी बोले, 'सर, आपका कहना ठीक है। अभी हमारे देश में कोयले की कुल जरूरत का केवल 80 प्रतिशत अंश ही जुटाया जा पा रहा है। बिजली की खपत प्रतिवर्ष 5 प्रतिशत की दर से बढ़ती जा रही है, जब कि कोयले के उत्पादन में बस, 1 प्रतिशत की वार्षिक बढ़ोतरी मिल रही है।'

ये बातें सुनकर डॉ. कलाम बोले, 'इसी कारण देश भर में पावर कट चल रहा है और कहीं-कहीं तो बिजली की कटौती आठ घंटे की है। ऐसे में देश में

वैकल्पिक व्यवस्था विकसित करने की बेहद जरूरत है और इसके लिए हम सभी को हरसंभव प्रयास करने होंगे।' डॉ. कलाम की इन बातों को सभा में गंभीरता से लिया गया और देश को ऊर्जा के संदर्भ में आत्मनिर्भर बनाने का संकल्प लिया गया।

□

शताब्दी समारोह में कलाम

एक बार डॉ. कलाम को मार्च 2007 में सिद्धगंगा मठ में श्री श्री शिवकुमार स्वामीगलु के शताब्दी समारोह का उद्‌घाटन करने का निवेदन किया गया। डॉ. कलाम ने उस आमंत्रण को स्वीकार कर लिया। निर्धारित समय पर जब वह वहाँ पहुँचे तो वहाँ पर ऋषि महाराज को प्रणाम करने और उनका भाषण सुनने के लिए भारी संख्या में अनेक भक्तगण उपस्थित थे। मंच पर भी अनेक राजनीतिक एवं आध्यात्मिक विभूतियाँ विद्यमान थीं। डॉ. कलाम ने कार्यक्रम का सहर्ष उद्‌घाटन किया तो वहाँ उपस्थित लोगों की भारी संख्या की करतल-ध्वनि से समारोह स्थल गूँज उठा। इसके बाद मंच पर उपस्थित लोगों ने अपने वक्तव्य जनता के सामने रखे। जब सभी लोग अपनी स्वामीगलु रख चुके तो श्री श्री शिवकुमार स्वामीगलु अपने-अपने स्थान से उठे और बिना हाथ में कोई कागज या परची लिये माइक तक पहुँचे। उन्होंने सभी लोगों का अभिवादन किया। इसके बाद बोलना प्रारंभ किया। उनका बोलना था कि वे धाराप्रवाह बोलते गए।'

डॉ. कलाम के साथ ही वहाँ उपस्थित अन्य हस्तियाँ सौ वर्ष के श्री श्री शिवकुमार स्वामीगलु को तनकर खड़े और चेहरे पर मुसकराहट के साथ भाषण देते देख दंग रह गए। डॉ. कलाम मंच पर बैठे-बैठे ही श्री श्री शिवकुमार स्वामीगलु के बारे में सोचने लगे। उन्होंने स्वयं से प्रश्न किया, 'वर्तमान समय में जबकि पचास वर्ष की उम्र तक आते-आते लोग अपने को वृद्ध समझने लगते हैं, ऐसे में सौ वर्ष के स्वामी का स्वास्थ्य, अद्‌भुत वाणी एवं ज्ञान चमत्कृत करनेवाला है और शायद इसका कारण यही है कि स्वामीजी ने आरंभ से मुक्त-हस्त से हमेशा लोगों की मदद ही की है। वह भी नेक मदद। इन्होंने सैकड़ों शिक्षा संस्थान और

अनाथालय समाज को दिए हैं और प्रतिदिन हजारों जरूरतमंद लोगों की सेवा करते हैं। यही कारण है कि तनाव-रहित जीवन, सत्भावों और सद्कार्यों के कारण सौ वर्ष की उम्र में भी इनके चेहरे पर तेज है। उन्होंने मन-ही-मन श्री श्री शिवकुमार स्वामीगलु को नमन किया और उनके कार्यों की सराहना की।

□

टेक्नोलॉजी का विस्तार

एक बार डॉ. कलाम विज्ञान के एक सेमिनार में विद्यार्थियों से वार्त्तालाप कर रहे थे। सभी विद्यार्थी उनसे प्रश्न कर रहे थे। कलाम बोले, 'बच्चो, आप सभी मुझसे विज्ञान व टेक्नोलॉजी से संबंधित प्रश्न तो कर रहे हैं, किंतु क्या आप जानते हैं कि वास्तव में टेक्नोलॉजी क्या है?'

यह प्रश्न सुनकर एक विद्यार्थी बोला, 'सर, टेक्नोलॉजी औद्योगिक कलाओं का क्रमबद्ध ज्ञान है।' यह सुनकर कलाम मुसकराए। बोले, 'बिल्कुल सही कहा तुमने। पर बच्चो, टेक्नोलॉजी का अर्थ केवल उद्योग आदि का ज्ञान भर नहीं है। हमारे भारत में आज भी ज्यादातर व्यक्ति 'टेक्नोलॉजी' का अर्थ धुआँ उगलते स्टील कारखानों या झनझनाती मशीनोंवाले कारखाने से लगाते हैं। किंतु टेक्नोलॉजी इन सबसे अधिक बहुत बातों को अपने अंदर समाए है।'

कलाम की बात सुनकर सभी विद्यार्थी उत्साहपूर्वक बोले, 'सर, प्लीज! आप हमें बताइए न कि टेक्नोलॉजी की सही अवधारणा क्या है?'

कलाम बोले, 'टेक्नोलॉजी की सही अवधारणा इन सबसे अलग है। टेक्नोलॉजी में तकनीकियाँ शामिल होती हैं—ठीक वैसे ही जैसे मशीनें, जिन्हें इस्तेमाल करना जरूरी भी हो सकता है और नहीं भी। तकनीकियों में जैसे रासायनिक क्रियाओं के तरीके, मछलियों के प्रजनन के तरीके, मरीजों का इलाज, इतिहास पढ़ाना, युद्ध लड़ना या उससे बचाव के तरीके भी शामिल हैं।'

यह सुनकर एक विद्यार्थी बोला, 'सर, क्या टेक्नोलॉजी और विज्ञान अलग-अलग हैं?'

कलाम बोले, 'बहुत अच्छा प्रश्न किया है तुमने। टेक्नोलॉजी विज्ञान से भिन्न

एक सामूहिक गतिविधि है। यह किसी एक व्यक्ति की बुद्धि या समझ पर आधारित नहीं होती, बल्कि कई व्यक्तियों की आपसी बौद्धिक प्रतिभा पर आधारित होती है।' कुछ विद्यार्थी बोले, 'सर, फिर हम टेक्नोलॉजी के विकास को कैसे देखें?'

कलाम बोले, 'टेक्नोलॉजी के विकास के तीन चरण मुख्य होते हैं, जो आपस में एक-दूसरे से जुड़े होते हैं। पहला चरण सृजन का होता है, जिसमें उपयुक्त विचार का खाका या नक्शा होता है। फिर यह अपने व्यावहारिक प्रयोग से वास्तविक रूप में सामने आता है और अंत में समाज द्वारा इसके विस्तार में इसका अंत हो जाता है। यह प्रक्रिया तब पूरी हो जाती है, जब यह टेक्नोलॉजी नए-नए सृजनात्मक विचारों को पैदा करती है।'

टेक्नोलॉजी के संदर्भ में पूरी बातें सुनकर छात्र बोले, 'सर, हम अपने नए विचारों से टेक्नोलॉजी को विकसित करने का प्रयास करेंगे और अपने देश का नाम रोशन करेंगे।' छात्रों की बातें सुनकर कलाम मुसकराते हुए बोले, 'शाबाश बच्चो, देश का भविष्य तुम पर ही निर्भर करता है।'

□

क्या है जीवन

एक बार विज्ञान का एक छात्र एक प्रयोग में असफल हो गया। वह बहुत परेशान था। उसका कहीं भी मन नहीं लग रहा था। एक दिन उसे पता चला कि एक सेमिनार में डॉ. ए.पी.जे. अब्दुल कलाम आ रहे हैं। वह छात्र वहीं पहुँच गया। छात्र डॉ. कलाम को अपना आदर्श मानता था। वैसे भी, असफलता के इस दौर में उसे एक ऐसे समझदार व्यक्ति की छत्रच्छाया की आवश्यकता थी, जो उसका दिशा-निर्देशन कर सके। सेमिनार में डॉ. कलाम ने अपना वक्तव्य समाप्त किया। छात्र बहुत देर से प्रयास कर रहा था कि वह डॉ. कलाम से अकेले में अपनी निजी बात करे। किंतु कलाम को अनेक विद्वज्जन घेरकर खड़े हुए थे। ऐसे में उसे उनसे मिलना असंभव ही लग रहा था। अचानक कलाम उठे और एक ओर को गए। यह स्वर्णावसर देखकर छात्र कलाम के पास पहुँचा और उनसे बोला, 'सर, प्लीज मुझे आपसे बहुत जरूरी बात करनी है। मैं बहुत निराश हूँ। कृपया मेरी निराशा को दूर कीजिए।' कलाम मुसकराकर बोले, 'कहो बेटा, क्यों निराश हो?' छात्र बोला, 'सर, मुझे विज्ञान बहुत पसंद है; लेकिन दुर्भाग्यवश मैं अपने प्रयोग में असफल हो गया हूँ। मैं बहुत ऊँचाइयों को छूना चाहता हूँ। पर यह कैसे संभव है?'

कलाम बोले, 'बेटा, जब मैं तुम्हारी तरह युवा था तो मेरे मन में भी बिल्कुल ऐसी ही आकांक्षाएँ थीं जैसी आज तुम्हारी हैं। मैं उन दिनों बहुत कुछ पाना चाहता था। कई बार असफल भी होता था और बुरा भी लगता था। परंतु तुम यह देखो न कि उन असफलताओं से सीख लेकर ही तो आज मैं तुम्हारे सामने हूँ।'

छात्र बोला, 'अब मैं क्या करूँ?'

कलाम बोले, 'तुम अपने दिमाग को खाली मत रखो, न ही निरर्थक कार्य करो। बस, अपनी विज्ञान की साधना में रत रहो। तुम मंजिल तक पहुँच जाओगे।'

छात्र यह सुनकर बोला, 'सर, मैं असफलता से बहुत ही निराश हूँ। आखिर यह जीवन है क्या?'

कलाम बोले, 'बच्चे, जीवन जो है वह अनसुलझी समस्याओं, संदिग्ध विजय-पराजय का ही मिश्रण है। पर समस्या यह है कि हम प्राय: जीवन के साथ जूझने के बजाय उसका विश्लेषण करने लगते हैं। हम अपनी असफलताओं से कुछ सीखने के बजाय या उनका अनुभव लेने के बजाय उसके कारणों एवं प्रभाव की चीरा-फाड़ी करने लगते हैं। मैं तो तुम्हें अपने अनुभव से यह कहूँगा कि कठिनाइयों एवं संकटों के माध्यम से ईश्वर हमें बढ़ने का अवसर प्रदान करता है। इसलिए जब आपकी उम्मीदें, सपने एवं लक्ष्य चूर-चूर हो गए हों तो उनके भीतर तलाश कीजिए। आपको उनके भीतर छिपा कोई सुनहरा मौका अवश्य मिलेगा।'

ये बातें सुनकर छात्र की आँखों से मानो असफलता का धुआँ छँट गया। वह बोला, 'सर, आज आपने मुझे जीवन की बहुत बड़ी सीख दी है। मैं अब अपने जीवन को ऐसे ही सँवारूँगा और असफलता से हताश होने के बजाय अधिक श्रम करूँगा।'

छात्र की बात सुनकर कलाम मुसकराए और बोले, 'फिर तो वह दिन दूर नहीं, जब शीघ्र ही तुम एक महान् वैज्ञानिक बनकर हमारे सामने आओगे।'

छात्र डॉ. कलाम से जीवन की परिभाषा और सफलता-असफलता के बारे में गहनता से जानकर अपनी साधना करने के लिए चल दिया।

□

नेल्सन मंडेला की कोठरी

वर्ष 2004 में डॉ. कलाम हेलिकॉप्टर से केपटाउन के रोबेन द्वीप पहुँचे। वहाँ पर डॉ. कलाम का स्वागत दक्षिण अफ्रीकी अहमद कथ्राडा ने किया। अहमद कथ्राडा कारावास में डॉ. नेल्सन मंडेला के साथ रहे थे। केपटाउन का सौंदर्य देखकर डॉ. कलाम दंग रह गए। वह प्रकृति-प्रेमी तो बचपन से ही थे, इसके साथ-साथ वह कवि भी थे और लेखन कार्य भी करते थे। केपटाउन की टेबल चोटी, डेविल चोटी एवं फेक चोटी को देखकर कलाम मंत्रमुग्ध हो गए। ये चोटियाँ दिन भर छितरे हुए बादलों के कारण अपना सौंदर्य बिखेरती रहती थीं। उन्हें देखने के बाद कथ्राडा ने डॉ. कलाम को वह कोठरी दिखाई, जहाँ पर डॉ. मंडेला ने अपने कारावास का लंबा समय व्यतीत किया था। छोटी सी कोठरी को देखकर कलाम अवाक् रह गए। वे बोले, 'छह फीट का एक व्यक्ति इस नन्ही सी कोठरी में छब्बीस वर्षों तक मात्र उस बात की सजा भुगतता रहा, जो कोई अपराध ही नहीं था। काले-गोरों का भेद मिटाने के एवज में उन्होंने अपने जीवन के कीमती वर्षों को मात्र इस नन्ही सी कोठरी में बिता दिया। धन्य हैं मंडेलाजी।'

कोठरी दिखाने के बाद कथ्राडा बोले, 'मंडेला के जीवन का अधिकांश भाग इसी द्वीप पर बीता था। उन्हें दिन की धूप में पास की पहाड़ी पर खदानों में काम करने के लिए ले जाया जाता था; जबकि उन दिनों उनकी नजर बहुत कमजोर हो चुकी थी। किंतु यातनाएँ उनके अदम्य साहस को नहीं तोड़ पाईं।'

कलाम कथ्राडा से बोले, 'इस कोठरी में जीवनयापन करना वाकई बेहद कष्टदायक रहा होगा।'

कथ्राडा बोले, 'सर, मंडेला का जो भी समय बचता था, वे उसे इसी कोठरी

में लिखने में बिताते थे। यहीं पर उन्होंने अपनी पुस्तक 'लॉन्ग वॉक टू फ्रीडम' लिखी।'

कलाम बोले, 'आज तो वह पुस्तक पूरे विश्व में प्रसिद्ध है।'

कथ्राडा बोले, 'सर, केवल उनकी पुस्तक ही प्रसिद्ध नहीं है, बल्कि वे भी आज पूरे विश्व में प्रसिद्ध हैं। आप उनसे मिलिएगा अवश्य। उन्हें आपसे मिलकर बहुत अच्छा लगेगा।'

डॉ. कलाम बोले, 'मैं उनसे अवश्य मिलूँगा।'

□

नेल्सन मंडेला से मुलाकात

एक बार डॉ. कलाम जोहांसबर्ग गए। वहाँ पर उन्होंने लोगों को संबोधित किया। जब उन्हें यह ज्ञात हुआ कि आजकल मंडेला यहीं पर रहते हैं, तब तो कलाम प्रसन्नता से भर उठे। वे चहककर बोले, 'मैं ऐसी महान् आत्मा से अवश्य मिलूँगा जिन्होंने अपना पूरा जीवन रंगभेद की नीति को समाप्त करने में लगा दिया।'

उनके साथ आई हुई टीम ने डॉ. मंडेला के निवास पर जाकर कलाम की इच्छा को प्रकट किया। निश्चित समय पर कलाम डॉ. मंडेला के आवास पर पहुँचे। उनके आवास में घुसते ही कलाम को एक अद्‍भुत अलौकिक शक्ति का आभास हुआ। कमरे के अंदर पहुँचते ही एक वृद्ध व्यक्ति छड़ी लेकर उन्हीं की ओर आते दिखाई दिए। ये डॉ. मंडेला ही थे। समय और यातनाओं ने उनके शरीर को जीर्ण-क्षीण कर दिया था। किंतु उनके हौंसले आज भी जवान थे। डॉ. कलाम को देखते ही मंडेला के चेहरे पर मुसकराहट आई। डॉ. कलाम ने उनकी ओर हाथ बढ़ाया। उनसे हाथ मिलाते ही कलाम को ऐसा प्रतीत हुआ मानो वे किसी महान् आत्मा से मिल रहे हों। वह कलाम से कुछ बोले। अचानक उनकी छड़ी छूट गई। यह देखते ही कलाम ने उन्हें सहारा दिया और बिठाया। डॉ. मंडेला ने कलाम के कार्यों की प्रशंसा की। अपनी प्रशंसा सुनकर कलाम डॉ. मंडेला से बोले, 'सर, हम अपने जीवन में प्रत्येक व्यक्ति से कुछ-न-कुछ सीखते हैं। आज आपसे रू-बरू होकर मैंने यह सीखा है कि यदि हमारे साथ कोई बुरा भी करे तो उसके लिए सबसे बड़ी सजा यह है कि हम उसके साथ भला बरताव करें। इससे वह व्यक्ति यदि थोड़ी भी इनसानियत लिये हुए होगा तो खुद ही शर्म से गड़ जाएगा।'

डॉ. मंडेला ने कलाम की बात पर हामी भरी। इस प्रकार मंडेला से कलाम की यह मुलाकात अविस्मरणीय बन गई। □

गुजरात यात्रा पर राष्ट्रपति

डॉ. कलाम को देश के राष्ट्रपति पद पर आसीन हुए कुछ ही समय हुआ था। हाल ही में गुजरात में हुए दंगों से पूरा देश हिल गया था। गुजरात की जनता जान-माल की हानि होने से बेहद परेशान थी। ऐसे में डॉ. कलाम को लगा कि गुजरातवासियों की पीड़ा बाँटने के लिए उन्हें उनके पास होना चाहिए। यह कहकर उन्होंने गुजरात का दौरा करने का संदेश अधिकारियों को दिया। सभी अधिकारी महामहिम राष्ट्रपति की गुजरात यात्रा पर जाने की बात लेकर व्याकुल हो गए। राजनीतिक माहौल बहुत गरम था। अभी तक कोई भी राष्ट्रपति ऐसी परिस्थितियों में किसी ऐसे क्षेत्र में नहीं पहुँचा था, इसलिए डॉ. कलाम के जाने की जरूरत पर भी सवाल उठाए जा रहे थे। मंत्रालय ने उन्हें सलाह दी कि वे ऐसे समय गुजरात दौरे पर न जाएँ। किंतु कलाम ने तय कर लिया था कि इस समय गुजरात की जनता को उनकी जरूरत है। उनके जाने की बात सुनकर राष्ट्रपति भवन में इसकी तैयारी होने लगी। बतौर राष्ट्रपति यह कलाम का पहला दौरा था।

तत्कालीन प्रधानमंत्री उनसे बोले, 'आप क्या इस समय अपने गुजरात दौरे को जरूरी समझते हैं?'

कलाम बोले, 'मैं इसे अपनी एक जरूरी जिम्मेदारी समझता हूँ, जिससे मैं वहाँ के लोगों के दर्द को कुछ कम करने का प्रयास कर सकता हूँ। मुझे अपने समीप पाकर वे अपने मन की व्यथा मुझे कह पाएँगे। हालाँकि दंगों में जो कुछ उनका नष्ट हो गया है, मैं वह तो नहीं लौटा सकता, पर सांत्वना तो अवश्य दे सकता हूँ। वहाँ पहुँचने वाले राहत कार्यों को तेज करवा सकता हूँ। वहाँ सामाजिक एकता का माहौल बनवाने में निर्णायक भूमिका निभा सकता हूँ।' यह सुनकर तत्कालीन

प्रधानमंत्री की आँखें भी नम हो आईं।

गुजरात पहुँचने पर राष्ट्रपति डॉ. कलाम ने बारह क्षेत्रों, तीन राहत कैंपों और नौ दंगा-प्रभावित क्षेत्रों का दौरा किया। इस दौरान गुजरात के तत्कालीन मुख्यमंत्री श्री नरेंद्र मोदी उनके साथ रहे। गुजरात में वे अनेक दंगा-पीड़ित लोगों से मिले और उन्हें आश्वासन दिया कि उनकी हरसंभव मदद की जाएगी।

गुजरात के लोग राष्ट्रपति से मिलकर बोले, 'सर, जब देश के राष्ट्रपति इस मुसीबत में हमारे साथ हैं तो हम भी शीघ्र ही इस पर विजय पा लेंगे।'

डॉ. कलाम का यह दौरा बेहद सफल रहा।

□

राष्ट्रपति भवन का बगीचा

जब डॉ. कलाम देश के राष्ट्रपति पद पर विभूषित हुए तो कुछ समय बाद उन्होंने राष्ट्रपति के परिसर भवन को देखा। वे प्रकृति के बीच रहनेवाले थे। उन्हें लगा कि राष्ट्रपति भवन के परिसर को और अधिक निखारा जा सकता है। अभी भी परिसर बेहद मनमोहक था, किंतु थोड़े प्रयासों से इसमें गुणकारी पौधों एवं वृक्षों को लगाया जा सकता था। यह विचार कर उन्होंने इस संदर्भ में डी.आर. डी.ओ. और अन्य संस्थाओं जैसे इंडियन कौंसिल ऑफ एग्रीकल्चरल रिसर्च तथा कौंसिल ऑफ साइंटिफिक एंड इंडस्ट्रियल रिसर्च के कृषि वैज्ञानिकों से परामर्श किया। परामर्श के बाद मुगल गार्डन में बारह और बगीचे तैयार किए गए। इसके कुछ समय बाद डॉ. कलाम ने इस बात पर भी गौर किया कि भारत में और विश्व में भी स्पर्शनीय पौधों के बगीचे बहुत कम हैं। कुछ स्पर्शनीय पौधे राष्ट्रपति भवन के परिसर में भी होने चाहिए। लखनऊ में सी.एस.आई.आर. नेशनल बोटैनिकल रिसर्च इंस्टीट्यूट में स्पर्शनीय उद्यान थे। उनकी विशेषज्ञता से राष्ट्रपति भवन में भी वर्ष 2004 में स्पर्शनीय बगीचा लगाया गया। एक दीर्घ व वृत्ताकार बगीचा, फव्वारा, पथरीला रास्ता, सुवासित पौधों की चौंतीस क्यारियाँ, औषधि, मसाले, फल तथा खूबसूरत फूल लगाए गए। प्रत्येक क्यारी पर एक सूचना पट्टिका के जरिए संबंधित पौधे के बारे में हिंदी व अंग्रेजी भाषाओं और ब्रेल लिपि में लिखा गया। इस तरह दृष्टिहीन लोग भी उस उद्यान में पहुँचने लगे। राष्ट्रपति डॉ. कलाम जब दृष्टिहीनों को फूलों की सुगंध की प्रशंसा करते देखते तो मन-ही-मन मोहित हो जाते। इसके साथ ही वे दृष्टिहीनों के पास स्वयं पहुँच जाते और उनसे बड़े प्रेम से मिलते। वे दृष्टिहीनों को स्वयं प्रत्येक पौधे एवं पुष्प के गुण बताते। दृष्टिहीन आम लोगों के राष्ट्रपति को देख व जानकर अभिभूत हो उठते और उनकी महानता को नमन करते हुए प्रसन्न होकर वहाँ से लौटते। □

नन्ही हिरनी की देखभाल

एक बार डॉ. कलाम अपने मित्र डॉ. सुधीर के साथ सुबह की सैर पर निकले हुए थे। वे आपस में प्रकृति के संबंध में बातें करते हुए चल रहे थे। रास्ते में वहाँ पर हिरन आदि भी थे। कुछ देर बाद डॉ. कलाम की नजर एक नन्ही हिरनी पर पड़ी। वह हिरनी अलग-थलग सी एक कोने में पड़ी थी। उठने का प्रयास करते हुए भी वह उठ नहीं पा रही थी। उस हिरनी की ऐसी हरकत को देखकर डॉ. कलाम बोले, 'सुधीर, देखो तो उस हिरनी को लगता है, वह किसी परेशानी में है।'

डॉ. कलाम की बात सुनकर डॉ. सुधीर उस ओर को देखा। वे वहाँ पहुँचे तो देखा कि नन्ही हिरनी की दोनों टाँगें बुरी तरह चोटिल थीं। वह पीड़ा से कराह रही थी और उठने का प्रयत्न कर रही थी। यह देखकर डॉ. कलाम व डॉ. सुधीर दोनों ही आहत हो गए। डॉ. सुधीर ने उसका इलाज शुरू किया। डॉ. कलाम व डॉ. सुधीर ने बहुत कोशिश की कि उसकी माँ उसे स्वीकार कर ले, लेकिन यह संभव नहीं हो पाया। ऐसे में उस नन्ही हिरनी की देखभाल स्वयं डॉ. कलाम करने लगे। वे प्रतिदिन बोतल से उसे दूध पिलाते, उसे सहलाते और उसके साथ खेलते। कुछ ही दिनों में नन्ही हिरनी डॉ. कलाम व डॉ. सुधीर से हिल-मिल गई। डॉ. कलाम को तो वह भलीभाँति पहचान गई थी। उन्हें देखते ही दौड़कर उनकी गोद में चढ़ जाती। अब उसके घाव भर गए थे। कुछ समय बाद डॉ. कलाम व डॉ. सुधीर उसे लेकर हिरनों के झुंड की ओर गए। अपने झुंड को देखकर हिरनी उछलती-कूदती उस ओर चली गई। कुछ ही समय में अन्य हिरन उसके साथ घुल-मिल गए। यह देखकर डॉ. कलाम व डॉ. सुधीर भी बेहद खुश हुए कि नन्ही हिरनी अपने परिवार में मिल गई थी। हालाँकि डॉ. कलाम को उससे बिछुड़ने का दुःख था, लेकिन इस बात की खुशी अधिक थी कि नन्ही हिरनी ठीक होकर वापस अपने झुंड में चली गई थी। □

कलाम की विनम्रता

एक बार डॉ. कलाम सृजन पाल सिंह के साथ आई.आई.एम. शिलांग जा रहे थे। उनके साथ कारों का काफिला था। डॉ. कलाम अपने साथी सृजन पाल सिंह के साथ दूसरी कार में थे। उनके आगे एक खुली जिप्सी थी, जिसमें तीन सैनिक थे। दो सैनिक दोनों ओर बैठे हुए थे और एक दुबला-पतला जवान अपनी बंदूक ताने बीच में खड़ा था। एक घंटे तक डॉ. कलाम देखते रहे कि वह लगातार खड़ा हुआ है। कुछ देर बाद वह अपने साथी सृजन पाल सिंह से बोले, 'वह खड़ा क्यों है ? वह थक जाएगा। यह तो उसके लिए सजा हो गई। क्या आप उसे बैठ जाने के लिए वायरलेस से संदेश भिजवा सकते हैं ?'

डॉ. कलाम की बात सुनकर सृजन पाल सिंह बोले, 'सर, बेहतर सुरक्षा के लिए उन्हें खड़े रहने के निर्देश हैं ?'

अगले तीन घंटे की यात्रा के दौरान कलाम सृजन पाल सिंह से बोले, 'क्या हम उसे हाथ के इशारे से बैठने के लिए कह सकते हैं।' इस पर सृजनपाल सिंह बोले, 'सर, हम इशारे से उन्हें बैठने के लिए कैसे कहें, उनका ध्यान दूसरी ओर है।'

आखिर जब डॉ. कलाम को इस बात का अहसास हो गया कि उन्हें बैठने के लिए नहीं कहा जा सकता तो वह बोले, 'मैं उससे मिलकर उसका धन्यवाद करना चाहता हूँ।'

आई.आई.एम., शिलांग पहुँचने के बाद डॉ. कलाम ने उस जवान को अपने पास बुलाया और उसको धन्यवाद देते हुए बोले, 'थैंक्यू दोस्त, क्या आप थक गए हैं ? क्या आप कुछ खाना चाहेंगे ? मैं माफी चाहता हूँ कि आपको मेरे कारण इतनी देर तक खड़े रहना पड़ा।' डॉ. कलाम की विनम्रता देखकर वह काली वरदी

पहने जवान भौंचक्का रह गया। उसे समझ ही नहीं आ रहा था कि वह क्या कहे। वह सिर्फ इतना बोल पाया, 'सर, आपके लिए तो हम छह घंटे भी खड़े रहने को तैयार हैं। आपकी विनम्रता ने हमें निरुत्तर कर दिया है।'

जवान की बातें सुनकर डॉ. कलाम के चेहरे पर चिर-परिचित मुसकान आ गई।

□

शिक्षक का रूप

एक बार डॉ. कलाम ने अपने सहयोगी सृजन पाल सिंह से कहा, 'तुम युवा हो, शिक्षित हो। अभी अपने कार्यों से देश को बहुत कुछ दे सकते हो। तुम मुझे यह बताओ कि तुम अपने आप को कैसे याद किया जाना चाहते हो?'

डॉ. कलाम का यह प्रश्न सुनकर युवा सृजन पाल सिंह सोच में पड़ गए। अभी तो उन्होंने अपने जीवन में केवल कुछ ही उपलब्धियाँ पाई हैं। वे उपलब्धियाँ भी ऐसी नहीं हैं, जिन्हें पूरा विश्व याद कर सके। सृजन पाल सिंह को सोच में डूबा हुआ देखकर डॉ. कलाम बोले, 'क्या हुआ? यह बताने में इतना समय क्यों ले रहे हो? अरे भाई, तुम्हें अभी तक के अपने कार्यकाल में जो भी सर्वोत्तम लगा हो, वही बता दो।'

सृजन पाल सिंह बोले, 'सर, जीवन में अभी सर्वोत्तम किया जाना शेष है। दूसरे, मैंने तो अभी तक ख्यातिप्राप्त उपलब्धियाँ भी नहीं पाई हैं। ऐसे में मुझे तो समझ ही नहीं आ रहा कि मैं आपको इसका क्या जवाब दूँ?'

डॉ. कलाम बोले, 'तुम अपनी उपलब्धियों के माध्यम से याद किए जाना चाहते हो या अपने कार्य के माध्यम से?'

सृजन पाल सिंह बोले, 'सर, दोनों से ही।' अचानक सृजन पाल सिंह बोले, 'सर, आप बताइए न, आप स्वयं को किस बात के लिए याद किया जाना चाहते हैं? राष्ट्रपति, वैज्ञानिक, लेखक, मिसाइलमैन, इंडिया 2020, टार्गेट थ्री बिलियन…क्या?'

सृजन पाल सिंह यह प्रश्न करके डॉ. कलाम की ओर देख ही रहे थे कि कलाम तुरंत बोले, 'मैं चाहूँगा कि लोग मुझे एक शिक्षक के रूप में याद रखें।'

यह जवाब सुनकर सृजन पाल सिंह ने चौंककर उनकी ओर देखा। डॉ. कलाम बोले, 'सृजन, एक शिक्षक ही ऐसा होता है, जो बच्चे को तराशकर उसे कामयाब बनाता है। इसलिए मैं प्रयास करूँगा कि लोग मुझे शिक्षक के रूप में ही जानें।'

यह जवाब सुनकर सृजन पाल सिंह डॉ. कलाम के आगे नतमस्तक हो गए और बोले, 'सर, आप मेरे भी शिक्षक हैं। मैं आजीवन आपकी इन बातों को याद रखूँगा।'

□

शिक्षक के रूप में अंत

डॉ. कलाम लंबी यात्रा के बाद आई.आई.एम. शिलांग पहुँचे थे। वहाँ उन्हें व्याख्यान कक्ष की तरफ जाने के लिए कहा गया। डॉ. कलाम समय के पाबंद थे। उनका मानना था कि छात्रों को इंतजार नहीं कराना चाहिए। डॉ. कलाम के सहयोगी सृजन पाल सिंह ने तुरंत व्याख्यान कक्ष में माइक लगाया और व्याख्यान का संक्षिप्त वृतांत वहाँ उपस्थित छात्रों को बताया। इसके बाद सृजन पाल सिंह कंप्यूटर के पास जाकर बैठ गए और वहाँ से विषय-वस्तु को देखने लगे। वे सृजन पाल सिंह को कई बार 'फनी गाय' कहकर पुकारते थे। माइक फिट करने के बाद उन्होंने सृजन की ओर देखते हुए कहा, 'फनी गाय, सब ठीक चल रहा है ?'

सृजन उनकी ओर देखकर बोले, 'जी सर, सब ठीक चल रहा है।'

इसके बाद उनका भाषण शुरू हुआ। भाषण शुरू हुए अभी दो ही मिनट हुए थे कि सृजन को एक लंबा विराम महसूस हुआ। वे डॉ. कलाम के पीछे ही बैठे हुए थे। जब उनकी नजर माइक की ओर गई तो उन्होंने देखा कि वहाँ कोई नहीं था और कलाम मूर्च्छित अवस्था में नीचे गिरे हुए थे। यह सब इतनी जल्दी हुआ कि कोई कुछ समझ ही नहीं पाया। तुरंत लोग वहाँ पर पहुँचे, उन्हें सँभाला। डॉक्टर को बुलाया गया। लेकिन नियति को शायद कुछ और ही मंजूर था। उनके सहयोगी सृजन डॉ. कलाम की तीन-चौथाई खुली और शांत आँखों को देख रहे थे। उन्हें होश में लाने के हरसंभव प्रयास किए गए। डॉ. कलाम के चेहरे पर स्थिरता थी और उनकी ज्ञानपूर्ण आँखें बिना हिले-डुले ही विद्वत्ता झलका रही थीं। उन्होंने एक शब्द भी नहीं कहा, न ही उन्हें किसी दर्द का एहसास हुआ। पाँच मिनट के अंदर ही सभी डॉ. कलाम के साथ अस्पताल में थे। कुछ ही मिनटों में डॉक्टरों ने

संकेत दे दिया कि मिसाइलमैन इस दुनिया से हमेशा के लिए विदा हो चुके हैं। यह जानकर सृजन ने नम आँखों के साथ उनके चरणों को स्पर्श करते हुए उन्हें अंतिम प्रणाम किया। हर आँख नम थी। डॉ. कलाम अपने अंतिम रूप में शिक्षक के रूप में ही इस दुनिया से विदा हुए थे। यही वे चाहते भी थे कि दुनिया उन्हें एक शिक्षक के रूप में याद करे।

□□□